Mieux comprendre son anxiété
et celle de ses proches

Distribué par: Les Éditions JML Inc.
1290, rue Rouleau, C.P. 594
Saint-Hyacinthe, Qc
J2S 1B7

Dépôt légal: Novembre 1986
Bibliothèque nationale du Québec
Bibliothèque nationale du Canada

ISBN: 2-89234-027-6

LUCIE LASSONDE
DR RÉJEAN FONTAINE

Mieux comprendre son anxiété

et celle de ses proches

Éditions JML, Saint-Hyacinthe

À nos parents, qui nous ont donné le meilleur d'eux-mêmes...

À nos enfants, François, Vincent, Geneviève et Myriam, avec qui nous avons la chance de vivre et d'apprendre ce que ni les livres ni la science ne sauraient nous révéler...

TABLE DES MATIÈRES

DÉDICACE 7

REMERCIEMENTS 11

INTRODUCTION 13

Chapitre I: L'ANXIÉTÉ NORMALE 19
  Définition des termes associés à l'anxiété 19
    Anxiété et angoisse 21
    Anxiété, peur, phobie 21
    Anxiété, stress, tension 22
  L'anxiété normale: définition 27
  L'anxiété au cours des différents cycles de la vie 28
    L'enfance 28
    L'adolescence 30
    Le début de l'âge adulte (vingt à quarante ans) 32
    L'âge adulte moyen (quarante à soixante ans) 33
    Le troisième âge (soixante et plus) 34

Chapitre II: L'ANXIÉTÉ PATHOLOGIQUE 37
  La frontière entre l'anxiété normale et
    l'anxiété pathologique 37
  L'anxiété pathologique 40

Chapitre III: LES ÉTATS ANXIO-DÉPRESSIFS 47
  Description 48
  Exemple clinique 50
  Étiologie 54
  Pronostic 55
  Traitement 56
  Syndrome d'épuisement professionnel (burnout) . 59
  Conclusion 64

Chapitre IV: L'ANXIÉTÉ GÉNÉRALISÉE 65
  Fréquence 69
  Étiologie 71
    Théorie psychanalytique 72
    Théorie de l'apprentissage 74
    Théorie génétique 75
    Théorie biologique 76
  Pronostic 79
  Traitement 81
    L'exploration et le soutien 83
    Les thérapies spécialisées 85

Psychothérapie d'orientation psychanalitique
et psychanalyse 86
Psychothérapie du comportement (behavoriale) 89
L'approche pharmacologique 93
Conclusion 96
Chapitre V: LES ÉTATS DE PANIQUE 99
Description 100
Fréquence 109
Étiologie 110
Les facteurs psychologiques 110
Les facteurs génétiques 112
Les facteurs biologiques 114
Pronostic 116
Traitement 117
Le traitement pharmacologique 117
Le traitement psychologique 119
L'agoraphobie avec attaques de panique 122
Chapitre VI: ÉVALUATION DE L'ANXIÉTÉ 127
Auto-évaluation de l'anxiété 127
Évaluation par le spécialiste 133
Chapitre VII: FAUT-IL TRAITER L'ANXIÉTÉ 141
Médicalisation de l'anxiété 142
Que peut faire le thérapeute? 145
Que peut faire la personne anxieuse
pour elle-même? 147
Que peut faire l'entourage? 150
Qu'arrive-t-il des anxieux qui suivent un traitement? . 152
Qu'arrive-t-il des anxieux qui ne vont pas
chercher de l'aide? 159
Conclusion 160
CONCLUSION 163
LISTE DES TABLEAUX 167
RÉFÉRENCES
Références utiles au lecteur 168
Références utilisées pour synthèse théorique 169
GLOSSAIRE 171
Appendice I:
QUESTIONNAIRE D'AUTO-ÉVALUATION 173
Appendice II: ÉCHELLE DE HAMILTON 177

REMERCIEMENTS

L es auteurs sont profondément reconnaissants aux nombreuses personnes dont la contribution a été précieuse à la rédaction de cet ouvrage.

Nous tenons à remercier particulièrement Josée Abel Simoneau pour son dévouement et son dynamisme lors de la dactylographie de ce manuscrit et pour ses commentaires judicieux tout au long de l'élaboration de cet ouvrage.

Nous voulons également remercier Catherine Devillers pour sa patience et sa compétence en tant que réviseur linguistique.

Nous avons aussi grandement apprécié l'apport stimulant de Jean-François Letarte qui, de façon efficace, a assuré la publication de notre livre.

Merci finalement aux nombreux clients souffrant d'anxiété avec lesquels nous avons eu l'occasion de travailler. À plusieurs reprises, nous parlons d'eux dans cet ouvrage. Ils nous ont exprimé un vécu que des mots ne peuvent traduire. Enfin, ils nous ont permis de les assister dans leur combat contre leur anxiété, et dans leur victoire…

INTRODUCTION

L' anxiété constitue actuellement le problème numéro un dans le domaine de la santé mentale. En effet, les études épidémiologiques faites dans nos sociétés occidentales montrent qu'actuellement un tiers de la population générale souffre d'anxiété sévère ou pathologique. L'incidence de l'anxiété pathologique est donc particulièrement élevée et une forte proportion des individus qui en souffrent ne sont pas traités. Dans la dernière classification américaine des troubles mentaux (DSM-III), le concept de névrose a disparu, on parle maintenant de troubles de l'anxiété et on leur accorde une place très importante. Dans le domaine de la pharmacologie, on a assisté au cours des dernières années à une prolifération du nombre de médicaments visant à soulager l'anxiété (anxiolytiques). Parallèlement, dans la pratique médicale, le nombre d'anxiolytiques prescrits a augmenté de façon effarante.

Dans la vie quotidienne, les termes stress, angoisse, anxiété, sont souvent présents dans le vocabulaire. Ils sont devenus familiers et semblent faire partie intégrante de notre rythme de vie accéléré. Fréquemment, les médias présentent divers articles ou émissions sur l'angoisse et les problèmes qui en découlent (p. ex. le stress au travail ou les maladies psychosomatiques associées au stress). On assiste également à la création de cliniques psychiatriques spécialisées dans les problèmes de l'anxiété et à la mise sur pied de groupes de soutien pour personnes anxieuses (p. ex. le groupe des personnes agoraphobes).

Il semble donc que l'anxiété constitue actuellement un centre d'intérêt majeur tant pour le chercheur ou le clinicien que pour l'individu qui en souffre. Mais qu'est-ce que l'anxiété? Quelles en sont les causes? Comment peut-on y remédier? Toutes ces questions demeurent souvent obscures et sans réponses. Le présent volume se propose d'essayer de répondre à ces interrogations. En premier lieu, nous définissons l'anxiété, puis nous distinguons l'anxiété normale de l'anxiété pathologique. Par la suite, nous décrivons trois des conditions psychiatriques où prédomine l'anxiété, ou trois troubles de l'anxiété:

a. **Les états anxio-dépressifs,** qui font référence à l'ancien concept de dépression réactionnelle où coexistent des symptômes d'anxiété et des éléments dépressifs (p. ex. la tristesse ou le manque général d'intérêt). On distingue également le syndrome d'épuisement professionnel (burnout) de ces états.

b. L'anxiété généralisée où l'angoisse, toujours présente, se manifeste sous un aspect somatique (palpitations, tension musculaire, etc.) et sous un aspect psychique (appréhension, peurs, etc.).

c. Les états de panique caractérisés par des attaques de paniques subites, fréquentes et complètement paralysantes. L'agoraphobie (phobie des endroits publics), avec attaques de panique, est également décrite.

D'autres troubles graves de l'anxiété existent tels que les phobies, le syndrome post-traumatique, les états obsessionnels, mais nous ne pouvons pas tous les réunir à l'intérieur d'un même volume. Nous avons sélectionné les troubles de l'anxiété qui demeurent méconnus bien que très répandus. Pour chacune de ces conditions, nous décrivons:

1. les symptômes ou les manifestations;
2. la fréquence dans la population;
3. l'étiologie ou les causes;
4. le pronostic ou le devenir;
5. différentes approches thérapeutiques.

Dans la dernière partie de ce livre, nous présentons des échelles d'auto-évaluation de l'anxiété pouvant être utilisées de façon personnelle, afin d'identifier la nature de son anxiété. Nous présentons également des échelles d'anxiété pouvant être utilisées par le professionnel de la santé (échelle de Hamilton), afin d'évaluer l'ampleur de l'anxiété du patient, son évolution et l'efficacité des méthodes thérapeutiques utilisées.

Les exemples cliniques relatés à l'intérieur du volume sont tirés du vécu des personnes anxieuses que nous avons vues en consultation ou en psychothérapie. Afin d'assurer l'anonymat des personnes concernées, nous avons modifié certaines données susceptibles de les identifier.

Compte tenu de notre formation, cet ouvrage s'inspire des théories psychiatriques et psychologiques actuelles concernant le problème de l'anxiété. Il n'a pas la prétention de répondre à toutes les questions ni d'apporter toutes les solutions à la problématique de l'angoisse. Notre but est la vulgarisation du concept psychiatrique de l'anxiété. Nous avons donc essayé de simplifier autant que possible les notions théoriques apportées. Cependant, l'anxiété est un problème complexe et la compréhension de certains passages nécessitera sûrement de la part du lecteur des efforts de concentration et de compréhension. Pour faciliter la lecture, nous présentons un glossaire à la fin du volume, où nous définissons les termes scientifiques susceptibles d'être moins bien compris. Le lecteur pourra donc s'y référer s'il ne comprend pas certains termes. Nous présentons également à la fin du livre une liste de références des travaux des auteurs mentionnés dans le texte (références), ainsi qu'une liste d'ouvrages pouvant intéresser le lecteur qui désire approfondir davantage le concept d'anxiété (références additionnelles).

Il est probable que plusieurs personnes essaieront de trouver dans ce volume des solutions toutes faites pour remédier à leur angoisse. Elles seront déçues dans leur recherche, puisqu'il n'existe pas de traitement miracle ni de formule magique au problème de l'anxiété. Le thérapeute quel qu'il soit n'a pas cette omnipuissance que souvent l'anxieux cherche à lui attribuer en raison de sa propre impuissance et de son désespoir. Comme nous le verrons, il faut combattre le problème de l'anxiété sur plusieurs fronts et combiner diverses approches thérapeutiques. Le but optimal du traitement de l'anxiété est de diminuer les symptômes, d'améliorer le fonctionnement de l'individu et son mieux-être. Même un traitement réussi ne constitue pas une protection permanente contre l'anxiété, car celle-ci a tendance à devenir chronique, c'est-à-dire qu'il faut s'attendre à des rechutes.

L'anxiété est une douleur psychique qu'il est important de comprendre afin de mieux y remédier. C'est ce que cet ouvrage propose. Il s'adresse aux profanes, aux futurs professionnels de la santé, aux cliniciens, bref à tous ceux que l'anxiété intéresse. Il s'adresse particulièrement à ceux qui souffrent d'anxiété. Il a essentiellement pour but d'apporter un éclairage valable au problème de l'angoisse. Finalement, il veut laisser à la personne anxieuse le message qu'il existe actuellement des traitements efficaces contre l'anxiété et lui montrer qu'elle peut espérer de façon réaliste améliorer considérablement sa condition.

CHAPITRE I

L'anxiété normale

DÉFINITION DES TERMES ASSOCIÉS À L'ANXIÉTÉ

L'anxiété est un phénomène subjectif complexe. C'est pourquoi, avant d'aller plus loin dans l'étude de ce concept, il convient de bien le définir et de le distinguer des termes avec lesquels il est souvent confondu ou étroitement associé: angoisse, peur, stress, tension. Nous décrivons ici chacun de ces termes, puis nous résumons ces définitions dans un tableau (tableau I) auquel le lecteur pourra se référer si certains de ces termes deviennent obscurs lors de la lecture des chapitres ultérieurs.

Tableau I

COMPARAISON
ENTRE CERTAINS CONCEPTS ET L'ANXIÉTÉ

CONCEPTS ASSOCIÉS	ANXIÉTÉ
Angoisse: crainte diffuse ou imprécise ressentie surtout au niveau corporel (p. ex. étouffement, crampes, etc.)	**Anxiété:** crainte diffuse ressentie surtout au niveau psychique
Peur: crainte associée à un danger spécifique réel ou imaginé	**Anxiété:** crainte diffuse, non spécifique, non associée à un danger précis
Phobie: peur extrême face à un danger imaginé, présence d'évitement	**Anxiété:** absence d'évitement
Stress: événement spécial qui nécessite une adaptation de l'organisme	**Anxiété:** état global résultant de facteurs liés à l'environnement, de facteurs biologiques et psychologiques
Tension: état caractérisé par l'impatience, le besoin de bouger, l'incapacité de se détendre et la fatigabilité	**Anxiété:** état caractérisé par l'inquiétude, l'anticipation du pire et les préoccupations multiples

A. Anxiété et angoisse

L'angoisse est un malaise psychique et physique, caractérisé par une crainte diffuse, pouvant aller de l'inquiétude à la panique. Dans l'angoisse, *les éléments somatiques* prédominent: sensation d'étouffement, crampes d'estomac, gorge serrée, etc. Par contre, l'anxiété est définie comme un état d'angoisse considéré surtout dans *son aspect psychique* (appréhension, inquiétudes, état de tension). Dans la documentation européenne spécialisée, on utilise davantage le terme "angoisse" alors que dans le contexte nord-américain, le mot "anxiété" est utilisé plus fréquemment. Dans la pratique, ces deux termes sont souvent confondus et considérés équivalents. On parle de symptômes physiques et psychiques reliés à l'anxiété. C'est pourquoi dans cet ouvrage on utilise indifféremment les deux termes.

B. Anxiété, peur, phobie

La peur est un phénomène psychologique qui renvoie à la conscience d'un danger, d'une menace. Le danger peut être réel, comme par exemple conduire une voiture lorsque la visibilité est très réduite en raison du brouillard ou de la poudrerie. Lorsque le danger est imaginé, l'individu perçoit la situation comme dangereuse alors que dans les faits, il n'a rien à craindre. On peut penser par exemple à un enfant qui a peur de l'obscurité. Essentiellement, la peur est liée à un "objet" ou à une situation spécifique. Elle est ressentie en présence de cet "objet" ou lorsque la personne vit cette situation spé-cifique.

Lorsque cette peur devient extrême (pathologique) face à une situation imaginée comme dangereuse et qu'elle tend à engendrer l'évitement de cette situation, on est en présence d'une phobie. Ainsi, une personne phobi-que des chiens ressent une peur extrême en leur présen-ce. Le même phénomène est vécu lorsqu'elle imagine la présence d'un chien. Dans la phobie, le danger est imagi-né car la situation ou l'objet craint n'est pas dangereux en soi. La personne tente par de nombreux moyens d'éviter les situations où elle peut se retrouver en présen-ce de l'objet de sa phobie. Par contre, l'anxiété n'est pas liée à une situation ou un objet spécifique. Généralement, l'anxiété est diffuse ou vague et il n'y a pas d'évitement. La personne se sent menacée, mais elle ne peut pas iden-tifier de façon précise ce qui la menace.

C. Anxiété, stress, tension

Le concept de stress a été élaboré par Hans Seyle dans les années cinquante à partir de recherches en physiologie. L'auteur ajoutait des substances chimiques à des extraits glandulaires et observait comment ces extraits s'adaptaient à ces substances. Plus tard, il a transposé ce schéma à l'humain. Il en a déduit une théorie de l'adapta-tion incluant trois facteurs: l'organisme, la substance ajou-tée (agent de stress), la réaction d'adaptation. Selon Hans Seyle, le stress ou l'agent de stress entraîne une réaction

d'adaptation de l'organisme et toute situation peut devenir telle. La principale critique que l'on peut faire face à
cette théorie est qu'elle tient compte uniquement des facteurs de l'environnement. Elle sous-estime ainsi l'importance des facteurs psychologiques et biologiques.

Au cours des vingt dernières années, la définition
du stress est devenue plus spécifique. Au cours des années soixante, des chercheurs comme Holmes et Raye de
l'Université de Washington ont défini les facteurs stressants comme étant des événements particulièrement significatifs qui induisent une adaptation chez tout individu
qui les vit dans une communauté donnée. Les auteurs
ont développé une méthode avec laquelle ils ont pu me-
surer de manière objective l'intensité de la réaction que
provoque un agent de stress. Dans le tableau II, nous
présentons cette quantification des événements de la vie.

Comme on peut le constater à la fin du tableau, certains de ces événements induisent peu de réaction (p. ex.
des contraventions ou changements d'habitudes alimen-
taires). D'autres situations sont normatives et entraînent
une réaction de stress modérée ou normale (p. ex. gros-
sesse, multiplication des disputes conjugales). D'autres
événements par contre sont de nature traumatique et engendrent des exigences d'adaptation importantes. En tête
de liste, on trouve:

1. la mort du conjoint;
2. le divorce;
3. la séparation du couple;
4. l'emprisonnement, etc.

Tableau II

TABLEAU D'ÉVÉNEMENTS STRESSANTS
DE LA VIE
(DE HOLMES ET RAYE)

Événement	Valeur
Mort du conjoint	100
Divorce	73
Séparation conjugale (mariage, concubinage)	65
Emprisonnement (temps passé en prison)	63
Mort d'un parent proche	63
Blessure, accident, lésion ou maladie (personnelle)	53
Mariage	53
Perte du travail (renvoi, licenciement)	47
Réconciliation conjugale	45
Retraite	45
Ennui de santé d'un parent proche	44
Grossesse	40
Problèmes sexuels	39
Arrivée d'un nouveau membre dans la famille	39
Problèmes d'affaires (problèmes professionnels)	39
Modification de situation financière	38
Mort d'un ami intime	37
Changement de situation	36
Multiplication des disputes conjugales	35
Hypothèque ou dette de plus de 10 000 $	31
Saisie d'une hypothèque ou échéance d'un emprunt	30
Changement de responsabilités professionnelles	29

Événement	Valeur
Enfant quittant la maison	29
Problèmes avec les beaux-parents	29
Réussite exceptionnelle, exploit personnel marquant	28
Épouse se mettant à travailler ou cessant de travailler	26
Début ou fin de scolarité	26
Changement de conditions de vie	25
Modification d'habitudes personnelles	24
Difficultés avec un patron	23
Changements d'horaires ou de conditions de travail	20
Déménagement	20
Changement d'école	20
Changement de loisirs	19
Changement religieux	19
Changement d'activités sociales	18
Hypothèque ou emprunt de moins de 10 000 $	17
Changement dans les habitudes de sommeil	16
Changement de rythme des réunions familiales	15
Changement des habitudes alimentaires	15
Vacances	13
Noël	12
Amendes ou contraventions	11

N = 45 Evenements

    Si on fait le total des valeurs numériques de tous les événements stressants pendant un an pour une personne, on peut quantifier l'ampleur des exigences d'adaptation.

Si, sur une base annuelle, ce total est supérieur à 300, il
y a, selon les auteurs, danger que des symptômes physiques ou psychiques se manifestent et l'individu a besoin
d'aide.

Dans le langage courant, quand on parle de stress,
on inclut l'agent de stress et la réaction qu'il provoque.
Par exemple, l'expression "cette entrevue de sélection me
stresse" englobe les deux composantes. Par ailleurs, dans
l'usage littéraire du concept de stress, celui-ci se réfère
uniquement à l'agent stressant. Pour sa part, l'anxiété résulte de plusieurs facteurs dont les agents de stress (milieu), les facteurs biologiques (prédisposition héréditaire)
et les facteurs psychologiques (mécanisme de défense in-
suffisant). En conclusion, la principale différence entre le
stress et l'anxiété est que le stress renvoie à l'agent stressant alors que l'anxiété est un état global résultant des facteurs mentionnés ci-dessus.

Ainsi, c'est de façon erronée qu'on utilise le terme
stress dans la langage courant. En effet, les événements
ordinaires de la vie associés au travail, à l'éducation des
enfants, aux études et à la vie à deux, provoquent non
pas du stress mais de la tension ou de l'anxiété normale.
Ils provoquent de la préoccupation, des inquiétudes, des
problèmes et de constantes exigences d'adaptation. Dans
l'anxiété normale, l'inquiétude et la tension sont propor-
tionnelles aux exigences de la vie quotidienne. Ainsi, un
couple qui vit des difficultés financières importantes devra
traverser davantage de périodes de tension et d'anxiété
qu'un couple qui n'a pas ces difficultés. Lorsque les demandes ou les exigences envers un individu sont trop importantes et lorsqu'elles se maintiennent trop longtemps,

on en arrive à un état de tension continue qui se traduit par du surmenage. L'organisme doit réussir à s'adapter aux tensions s'il veut éviter ce surmenage et un débordement d'anxiété.

L'ANXIÉTÉ NORMALE: DÉFINITION

Comme nous venons de le voir, l'anxiété diffère de l'angoisse, de la peur et du stress. Elle se caractérise par l'inquiétude, le pessimisme ou l'anticipation du pire, les craintes multiples et l'irritabilité. À cet inconfort psychique, se greffent souvent des malaises physiques (p. ex. des difficultés digestives ou des maux de tête). À des degrés divers, tout individu vit de l'anxiété en réaction aux difficultés quotidiennes. L'anxiété incite la personne à mobiliser et à trouver des solutions aux problèmes de la vie. Par exemple, elle incite l'étudiant anxieux de réussir un examen, à bien s'y préparer. Elle stimule l'homme d'affaires à gérer adéquatement son entreprise afin de mieux la rentabiliser. L'anxiété fait donc partie du quotidien et elle contribue à l'adaptation de la personne. Cependant, il arrive que l'anxiété atteigne des proportions telles qu'elle entraîne une série de réactions nuisibles à l'adaptation de l'individu.

Il a été démontré que la capacité d'adaptation et la performance d'une personne augmentent avec l'anxiété normale ou la tension et s'altèrent lors d'anxiété excessive. Ainsi, on sait qu'une entrevue de sélection pour un emploi crée de l'anxiété chez les candidats. Un candidat qui se sent normalement anxieux a des chances de répondre de façon appropriée aux questions posées au cours de l'entrevue, de présenter une bonne performance, et d'être sélectionné. Dans ce cas, son anxiété est utilisée de façon positive pour mobiliser ses défenses et améliorer sa performance. Par contre, un autre candidat peut être tellement anxieux qu'il devient confus, bafouille, gesticule inutilement et ne répond pas adéquatement aux questions posées. Dans ce cas, l'anxiété excessive est nuisible puisqu'elle entraîne une mauvaise performance. En conclusion, une même situation entraîne chez les individus différents degrés d'anxiété. Tout dépend de la capacité de l'individu d'affronter des situations stressantes et de s'y adapter.

L'ANXIÉTÉ AU COURS DES DIFFÉRENTS CYCLES DE LA VIE

Chaque stade de la vie comporte ses propres exigences d'adaptation et induit de l'anxiété à des degrés divers. Nous allons donc ici passer en revue les grands stades du développement humain en spécifiant pour chacun d'eux les périodes critiques au cours desquelles l'anxiété est davantage ressentie.

A. L'enfance

Dès les premiers mois de la vie, l'enfant éprouve de l'anxiété. La première forme d'anxiété est provoquée par la séparation d'avec la mère ou son substitut. La période critique de l'anxiété de séparation se situe vers la fin de la première année de vie, période au cours de laquelle l'enfant manifeste de la crainte, de la colère ou même du désespoir lorsque sa mère le quitte. Par la suite, l'anxiété de séparation s'atténue et l'enfant est de plus en plus capable de s'éloigner de sa mère ou de la laisser s'éloigner. Parfois, cette anxiété de séparation se maintient et débouche sur des conditions pathologiques telles que la phobie scolaire. La phobie scolaire se manifeste lors de l'entrée à l'école par une peur extrême de l'école et du personnel enseignant. Au moment de la rentrée scolaire, l'enfant qui en souffre refuse d'aller en classe, se cramponne à sa mère, et développe divers symptômes (p. ex. maux de ventre, nausées) comme prétexte pour rester à la maison.

Si l'anxiété de séparation est la forme d'anxiété la plus primitive, l'anxiété prend d'autres formes au cours des stades ultérieurs de l'enfance. On peut penser par exemple à l'anxiété que provoque l'apprentissage de la propreté (vers l'âge de 2 ans). L'anxiété se manifeste alors chez l'enfant par la crainte de perdre le contrôle de ses sphincters et par la peur de perdre le contrôle de son agressivité. Ultérieurement, au cours du stade oedipien (entre l'âge de 3 ans et demi et 6 ans), la découverte des différences sexuelles provoque souvent beaucoup d'anxiété. Avec la période de latence (6 ans à 11-12 ans) et l'entrée scolaire, l'enfant pénètre dans un univers compétitif où il doit devenir un travailleur compétent. Il lui faut alors quitter le nid familial pour socialiser avec ses pairs. Il découvre rapidement qu'il n'est pas le meilleur et doit en dépit de cette dure confrontation maintenir une bonne estime de lui-même. Il doit alors définir de façon réaliste l'étendue de ses limites et de ses possibilités. Progressivement, l'enfant développe un sentiment de compétence et, s'il échoue dans cette tâche, il se sent inférieur et démissionne. Il peut devenir cet enfant qui se cramponne à ses parents et qui refuse la compétition. Il en résulte des difficultés sur le plan scolaire ou au niveau de la socialisation (p. ex. échec scolaire, trouble d'apprentissage, retrait).

Au cours de l'enfance, l'enfant devient de plus en plus autonome. Mais cette conquête de son autonomie provoque inévitablement de l'anxiété. Dans son désir de devenir grand, l'enfant a donc besoin d'aide et de réconfort. Si l'enfance est une période heureuse, il ne faut pas perdre de vue qu'elle comporte ses difficultés et ses exigences d'adaptation. Tout enfant normal vit de l'anxiété. Certains enfants sont de nature plus anxieuse et vivent beaucoup d'anxiété malgré un environnement sain et affectueux. D'autres enfants vivent un haut taux d'anxiété et manifestent divers symptômes en raison d'un environnement malsain (p. ex. enfant victime de mauvais traitements, enfant de parents alcooliques, etc.). Quoiqu'il en soit, plusieurs difficultés de l'enfance sont causées par l'anxiété. Il s'agit d'identifier celle-ci, de sécuriser l'enfant et de lui offrir un milieu affectif adéquat.

B. L'adolescence

L'adolescence est une période particulièrement propice à l'anxiété. Au cours de l'adolescence, le processus de séparation s'accélère et l'adolescent acquiert de plus en plus d'autonomie. S'il souhaite ardemment cette autonomie, il doit en contre-partie en assumer le prix. À divers niveaux, l'adolescent doit accomplir des tâches particulièrement difficiles:

1. Intégrer les transformations corporelles et la puberté.
2. Définir son identité.
3. S'orienter vers l'autre sexe.
4. Assumer sa sexualité.
5. Se séparer de ses parents.
6. Faire un choix de carrière.

L'adolescence comporte donc de lourdes tâches et provoque inévitablement beaucoup d'anxiété. La plupart des adolescents qui consultent des psychiatres souffrent d'anxiété. Parmi les symptômes les plus fréquents, on retrouve l'insomnie et les difficultés digestives.

À la fin de l'adolescence, au moment où l'adolescent commence ses études post-collégiales, on a une période critique particulièrement propice à l'anxiété. En effet, quand l'adolescent débute ses études universitaires, il laisse souvent sa famille, ses amis, son milieu. Il est certes heureux d'avoir été accepté à l'université et il est rempli d'espoirs et de rêves. Cependant, sa nouvelle vie hors du contexte familial s'avère exigeante et lui apporte certaines craintes. En effet, au cours de cette étape, on a une multiplication des agents de stress: vie en appartement, difficultés financières, examens exigeants, compétition entre étudiants, etc. Souvent, sous l'effet de ces nombreux facteurs de stress, l'anxiété se manifeste et atteint des proportions importantes. Fréquemment, nous avons eu en consultation des étudiants souffrant de divers symptômes d'anxiété (p. ex. insomnie, maux de tête, etc.). Parfois, il arrive que les symptômes s'aggravent à un point tel qu'ils sont incapables de fonctionner; ils abandonnent alors leurs études ou ils échouent à leurs examens. Il est donc important qu'une intervention se fasse à ce niveau si on veut éviter de telles complications.

C. Le début de l'âge adulte (vingt à quarante ans)

La vingtaine constitue une période où l'individu précise ses choix et les réalise. On peut penser entre autre au choix de carrière qui devient définitif, au choix du conjoint, au choix d'avoir ou non un enfant. Quels que soient les choix de l'individu, ils sont décisifs et nécessitent beaucoup d'engagement. C'est pourquoi, les événements de la vingtaine sont souvent empreints d'anxiété. On peut penser ainsi au professionnel à ses débuts qui craint de ne pas être à la hauteur, au jeune couple désireux de voir sa relation réussir ou à ces nouveaux parents qui doutent de leur compétence. Les différentes maladies de l'anxiété (p. ex. anxiété généralisée, syndrome anxio-dépressif, état de panique, etc.), apparaissent généralement au cours de la vingtaine. Par ailleurs, on observe en pratique, que les individus consultent pour psychothérapie principalement dans la trentaine. Il semble donc que dans la vingtaine l'individu vit beaucoup d'anxiété mais qu'il consacre toute son énergie à vouloir réaliser ses choix et à réussir. Il a confiance en ses choix et, de façon générale, il ne les remet pas en question.

Cependant, avec la trentaine s'installe le sentiment d'irréversibilité ou de non retour. L'individu sait maintenant qu'il n'a plus toute la vie devant lui. On assiste alors à une remise en question des choix, à leur approfondissement ou à leur rejet. C'est pourquoi la période de la trentaine serait une période propice au divorce, à un changement important au niveau du travail ou à une nouvelle maternité. Parallèlement, la trentaine est marquée par une vulnérabilité accrue, un sentiment profond de solitude et par la nécessité de se prendre en charge. En pratique clinique, on observe que la plupart des personnes qui se présentent en psychothérapie pour anxiété sont dans la trentaine. Cet engagement dans la psychothérapie correspond sûrement à une montée de l'anxiété qui s'opère alors et correspond également à une remise en question très profonde qui s'installe à cette période de la vie.

D. L'âge adulte moyen (quarante à soixante ans)

L'âge moyen est l'âge de la maturité. À cette période, on assiste à un approfondissement des choix et à une continuité des engagements. La maturité s'installe et donne souvent lieu à un mieux-être. Par contre, un certain déclin se fait sentir sur le plan physique, et des maladies peuvent apparaître. D'autre part, l'âge moyen est marqué par le départ des enfants, qui le plus souvent ne s'accomplit pas sans heurt. De plus, la fin de la quarantaine est marquée chez la femme par la ménopause et ses implications. Tous ces agents de stress peuvent compromettre l'équilibre psychique et entraîner beaucoup d'anxiété. Il en résulte parfois une incapacité à surmonter une maladie physique et des difficultés à s'adapter au vieillissement. Dans la pratique, on observe qu'à l'âge moyen, c'est la ménopause qui constitue la période la plus propice à l'éclosion de l'anxiété. Souvent, à cette période de sa vie, la femme doit simultanément s'adapter aux changements corporels associés à la ménopause, à certaines maladies physiques qui apparaissent, aux changements de sa vie sexuelle, au départ des enfants, au décès des parents et au vieillissement. Ce n'est donc pas la ménopause comme telle qui occasionne une montée de l'anxiété, mais tous les événements qui surviennent simultanément. On a donc au cours de cette période une addition de facteurs de stress.

E. Le troisième âge (soixante ans et plus)

Le troisième âge constitue une période de la vie particulièrement stressante. En effet, au cours de cette période, l'individu doit faire face à de nombreuses exigences d'adaptation. On peut penser par exemple à la retraite, à la perte progressive des capacités physiques, à la perte du conjoint, à la perte graduelle de son autonomie et aux difficultés financières. À une période où l'individu devient moins adaptable à cause du vieillissement, il doit subir de multiples exigences d'adaptation. C'est pourquoi il en résulte parfois un déséquilibre psychi-

que et une montée de l'anxiété. Au troisième âge, l'anxiété s'exprime surtout à un niveau somatique: difficultés
digestives, insomnie, difficultés respiratoires, etc. Le plus
souvent, les conséquences sont une détérioration de la
condition physique de la personne et des complications
médicales nombreuses (p. ex. ulcères d'estomac, douleurs cardiaques, etc.). En retour, ces complications médicales provoquent de l'anxiété. Une réaction en chaîne
s'établit et l'angoisse se perpétue. Finalement, l'isolement
social et les difficultés financières que vit la personne âgée
maintiennent sa condition d'anxiété.

En conclusion, les cycles successifs de la vie occasionnent de l'anxiété à des degrés divers. L'adolescence,
la ménopause et le troisième âge constituent des périodes
de vie particulièrement propices à l'anxiété. Le plus souvent, le niveau d'anxiété vécu demeure dans les limites
de la normalité. Mais il n'en reste pas moins que ce sont
des périodes au cours desquelles la personne est plus vulnérable à l'anxiété. C'est pourquoi, si au cours de ces périodes critiques, l'individu doit faire face à de graves
perturbations comme par exemple une maladie physique
ou la séparation du couple, ces événements peuvent entraîner un déséquilibre psychique important. Au cours de
ces phases, la personne est donc plus fragile. Cependant,
le niveau de vulnérabilité varie d'un individu à un autre.
Certaines personnes traversent donc ces stades de la vie
sans se sentir tellement perturbées, alors que d'autres personnes s'adaptent très difficilement aux exigences de ces
stades. Quoiqu'il en soit, au cours de sa vie, une même
personne connaît des fluctuations dans sa capacité de répondre adéquatement aux tensions quotidiennes.

CHAPITRE II

L'anxiété pathologique

LA FRONTIÈRE ENTRE L'ANXIÉTÉ NORMALE ET L'ANXIÉTÉ PATHOLOGIQUE

Dans le domaine de l'anxiété, où se situe la frontière entre le normal et le pathologique? Mentionnons d'abord qu'il n'existe pas de ligne de démarcation très précise. Comme nous l'avons vu précédemment, tout individu éprouve de l'anxiété au cours de son existence et le niveau d'anxiété vécue fluctue selon les périodes de la vie et selon les exigences de l'environnement. Le critère essentiel utilisé pour évaluer la sévérité de l'anxiété est le fonctionnement de la personne. De façon générale, l'anxiété pathologique altère le fonctionnement de l'individu et ce, le plus souvent, dans les différentes sphères de son existence. En effet, une personne victime d'anxiété sévère vit d'importantes difficultés tant sur le plan de son travail que de sa vie conjugale, sexuelle ou sociale. Par contre, une personne qui éprouve une anxiété normale maintient un bon fonctionnement à ces différents niveaux. Enfin, dans l'anxiété pathologique, des vacances ou des changements du milieu n'améliorent pas la condition de l'individu alors que ces situations améliorent généralement la condition d'un individu modérément anxieux.

Il existe une continuité entre l'anxiété normale et l'anxiété pathologique, de sorte qu'un bon nombre de sujets victimes d'un haut niveau d'anxiété ne présentent cependant pas de réactions inadéquates ou de désordres mentaux. Ils souffrent parfois de symptômes analogues à ceux qu'on trouve dans les maladies de l'anxiété, mais celle-ci est normale car elle est réactionnelle à des situations précises. On peut penser par exemple à l'étudiant à ses débuts à l'université. L'entrée à l'université nécessite de la part du jeune adulte beaucoup d'adaptation puisque le plus souvent l'étudiant a dû quitter sa famille et ses amis pour s'intégrer à un milieu hautement compétitif. Il est fréquent qu'en cours d'adaptation l'étudiant manifeste des symptômes d'anxiété (p. ex. insomnie, difficultés digestives, etc.). Parfois son fonctionnement scolaire est atteint: difficultés de concentration, troubles de la mémoire, etc. L'anxiété vécue est normale puisqu'elle est réactionnelle à un stress précis, soit l'entrée à l'université. Dans ce cas, les symptômes sont généralement transitoires ou passagers et on peut s'attendre à une adaptation progressive de la personne.

Quand un individu vit un niveau d'anxiété qui l'inquiète, il doit d'abord réfléchir à sa manière de vivre ou améliorer son hygiène de vie avant de conclure qu'il souffre d'un désordre psychiatrique quelconque. En premier lieu, la personne doit donc identifier les facteurs nuisibles à sa santé mentale et tenter de les éliminer:

1. rythme de vie trépidant avec peu de moments de relaxation;

2. travail cérébral intense avec peu d'exercice physique;

3. peu d'heures de sommeil ou sommeil perturbé;

4. mauvaise alimentation;

5. surconsommation de café, d'alcool, de nicotine;

6. présence continuelle d'agents de tension dans l'environnement (exemples: logement trop étroit ou bruyant, mésentente matrimoniale constante, travail particulièrement exigeant) ou présence de facteurs stressants (divorce, maladie d'un enfant, etc.);

7. présence de maladies physiques susceptibles d'entraîner une anxiété importante (épilepsie, hypoglycémie, hyperthyroïdisme, etc.).

Si la personne souffre de malaises physiques, elle aura avantage à consulter son médecin. Un examen médical complet tous les ans ne pourra être que bénéfique.

Dans le cas où le sujet se situe à la limite du normal et du pathologique, l'amélioration de la condition de santé, de l'hygiène de vie et de l'environnement réussit souvent à rétablir le niveau d'anxiété à un niveau normal. On évite ainsi la détérioration de la condition psychique. Par contre, l'anxiété est considérée pathologique lorsqu'elle persiste en dépit de ces mesures de récupération et lorsqu'elle altère la qualité de vie de la personne et sa capacité de fonctionner. Dans de tels cas, les changements de l'environnement ou les efforts d'adaptation de l'individu ne réussissent pas à modifier sa condition mentale. Plusieurs symptômes d'anxiété apparaissent et contrairement à l'anxiété normale, ces symptômes persistent et affectent de façon significative le fonctionnement de la personne. À ce niveau, le seuil de la pathologie est véritablement atteint.

L'ANXIÉTÉ PATHOLOGIQUE

Ainsi qu'il a été mentionné précédemment, l'anxiété constitue le problème numéro un dans le domaine de la santé mentale. Les études épidémiologiques faites dans nos sociétés occidentales montrent qu'actuellement un tiers de la population générale souffre d'anxiété pathologique. L'anxiété pathologique est donc très fréquente et peut être associée à trois types de pathologie que nous présentons ici.

a. **Des maladies physiques:** plusieurs maladies physiques entraînent une anxiété sévère (l'angine de poitrine, l'hyperthyroïdisme, etc.). Dans ce cas, l'anxiété est secondaire et la guérison de la maladie physique rétablit l'anxiété à un niveau normal.

b. **Des maladies mentales:** les psychoses, les maladies affectives (la dépression sévère, la manie et les états maniaco-dépressifs), l'alcoolisme, présentent souvent un tableau clinique avec anxiété très importante. Dans ce cas également, l'anxiété est secondaire, c'est-à-dire que l'amélioration de la condition mentale de la personne entraîne une réduction considérable de l'anxiété.

c. **Des maladies de l'anxiété:** les états anxio-dépressifs, l'anxiété généralisée, les états de panique, les phobies, les états obsessionnels, sont les principales maladies de l'anxiété. À l'intérieur de ces syndromes, l'anxiété est un phénomène primaire, c'est-à-dire qu'elle prédomine dans le tableau clinique. Au cours des prochains chapitres, nous étudierons les trois premières maladies que nous venons d'énumérer: les états anxio-dépressifs, l'anxiété généralisée et les états de panique.

Les gens souffrant d'anxiété pathologique présentent un ensemble de symptômes psychiques et physiques. Dans certaines maladies, ce sont les symptômes psychiques qui prédominent (p. ex. les états anxio-dépressifs). À l'intérieur d'autres syndromes, ce sont les symptômes physiques qui prévalent (p. ex. dans l'anxiété généralisée). Parmi *les symptômes psychiques*, on trouve la tension, la peur, les problèmes de sommeil, les humeurs anxieuses ou dépressives, l'atteinte des fonctions cognitives (p. ex. difficulté de concentration ou mémoire diminuée). Ce qui caractérise l'humeur anxieuse, c'est l'anticipation du pire, l'appréhension ou l'inquiétude indéfinie, l'irritabilité, la morosité.

Sur *son versant somatique*, l'anxiété peut se manifester à travers chacun des grands systèmes physiologiques et s'exprimer par divers symptômes. Les symptômes cardio-vasculaires sont les plus connus: tachycardie (rythme cardiaque accéléré), palpitations, douleurs thoraciques. La fonction respiratoire est également souvent atteinte et on peut observer des soupirs, des sensations d'oppression et d'étouffement et une gêne à l'inspiration (dyspnée). L'appareil digestif est aussi le siège de plusieurs symptômes: "boule" oesophagienne, éructations (rots), gargouillements dans l'intestin ou dans l'estomac, digestion ralentie, douleurs et brûlures d'estomac.

Souvent plus discrets, les symptômes génito-urinaires comme la pollakiurie (mictions fréquentes et peu abondantes) sont également présents. Au niveau du système musculaire, on trouve parfois des crampes, des douleurs, et des tremblements. Au niveau sensoriel, il peut y avoir des bourdonnements d'oreille, une vision embrouillée, des bouffées de chaleur et des frissons. On peut également trouver un déssèchement de la bouche, une sudation excessive, des céphalées, des migraines, des pâleurs et des rougissements. Ces symptômes physiques reflètent un dérèglement de l'appareil endocrinien et du système nerveux autonome. L'équilibre sain entre les branches sympathiques et parasympathiques est rompu. Il en résulte une hyperactivité du système nerveux autonome.

Il est bien évident que tous les symptômes mentionnés ne se présentent pas simultanément chez un même individu. Cependant, on retrouve toujours chez les personnes souffrant d'une maladie d'anxiété des symptômes psychiques et physiques présents à des degrés divers. Ces symptômes persistent en dépit des changements du milieu et altèrent le fonctionnement de l'individu.

Lorsque l'on définit les causes des maladies de l'anxiété (étiologie), on parle de causes exogènes et de causes endogènes. *L'aspect exogène* renvoie à l'environnement, il est réactionnel à un événement stressant ou traumatisant (p. ex. un divorce ou une maladie physique importante) ou à un événement de la vie quotidienne lié au travail ou à la situation familiale. Ces événements affectent le sujet à un point tel qu'il manifeste des symptômes d'anxiété. Dans ce cas, étant donné la prédominance des facteurs de l'environnement, l'anxiété est considérée normale ou à la limite de la normalité. La modification de l'environnement, ou l'amélioration des capacités d'adaptation de la personne devraient entraîner une amélioration de sa condition psychique. Il s'agit donc d'identifier ces situations, de les modifier, et d'aider la personne à s'y adapter. Par ailleurs, l'anxiété peut être également causée par *des facteurs endogènes*, c'est-à-dire des facteurs psychologiques et biologiques. Il s'agit là de facteurs internes comme par exemple une prédisposition héréditaire à l'anxiété (facteur biologique) ou une enfance difficile (facteur psychologique) qui entraînent l'élaboration d'un psychisme précaire et vulnérable à l'anxiété.

Dans les maladies de l'anxiété, la contribution des facteurs exogènes et des facteurs endogènes varie selon le type de pathologie (tableau III). Comme on peut le voir dans ce tableau, ce sont les facteurs de l'environnement qui prédominent dans les états anxio-dépressifs. C'est pourquoi, dans ce syndrome, on peut souvent identifier des agents de stress dans le milieu (maladie, divorce, perte d'emploi, etc.) et on se situe à la limite du normal et du pathologique. À l'opposé, ce sont les facteurs biologiques qui prévalent dans les états de panique. En effet, comme nous le verrons, l'incidence familiale est particulièrement élevée dans ces états et on note chez ces patients des particularités sur le plan neurologique. Finalement, dans l'anxiété généralisée, l'environnement et les facteurs psychologiques et biologiques interviennent et s'additionnent pour contribuer à l'anxiété. C'est l'hypothèse multifactorielle.

En conclusion, les diverses maladies de l'anxiété se situent dans une continuité (tableau IV, p. 46) allant des conditions les plus exogènes aux conditions les plus endogènes. Au cours des prochains chapitres, nous allons présenter trois des maladies de l'anxiété (syndrome anxio-dépressif, anxiété généralisée, états de panique) et définir pour chacune d'elles:

1. les symptômes et l'évolution;
2. la fréquence dans la population (incidence);
3. l'origine ou les causes (étiologie);
4. le devenir de cette maladie (pronostic);
5. la thérapeutique.

Tableau III

LA CONTRIBUTION
DES FACTEURS ÉTIOLOGIQUES
DANS CERTAINES MALADIES DE L'ANXIÉTÉ

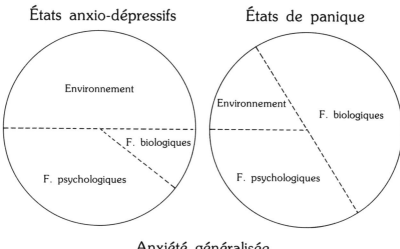

État anxio-dépressifs

États de panique

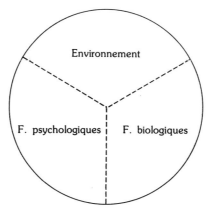

Anxiété généralisée

Facteurs biologiques
Facteurs liés à l'environnement
Facteurs psychologiques

Tableau IV

TROUBLES DE L'ANXIÉTÉ SUR UN CONTINUUM

Pôle exogène

1. Syndrome post-traumatique
2. États anxio-dépressifs
3. Phobies
4. Anxiété généralisée
5. États de panique, agoraphobie avec paniques
6. États obsessionnels

Pôle endogène

CHAPITRE III

Les états anxio-dépressifs

Les états anxio-dépressifs (syndrome mixte) constituent la condition d'anxiété la plus fréquente. Dans la population générale, l'incidence serait d'environ 8%. Nous savons qu'une bonne proportion des personnes qui en souffrent ne consultent pas leur médecin et que, fréquemment parmi celles qui le consultent, la condition n'est pas diagnostiquée. Nous ne pouvons donc pas avoir une estimation exacte de la fréquence de cette maladie. À l'intérieur de ce syndrome, l'individu vit simultanément des symptômes d'anxiété et de dépression. Cet état est intimement relié à un facteur stressant (stresseur) important de la vie: problèmes familiaux, vieillissement, maladie, etc. Étant principalement de nature exogène, cette condition se situe à la frontière du normal et du pathologique.

C'est une condition que pratiquement tout individu doit affronter tôt ou tard au cours des différents cycles de sa vie. Certains psychiatres considèrent même qu'un adulte normal vit un état anxio-dépressif tous les dix ans. Malheureusement, l'individu qui en souffre est souvent laissé à lui-même, ce qui risque fort d'occasionner des complications ou une prolongation de son état. Il est donc important d'identifier ce syndrome, d'évaluer son ampleur et d'apporter un traitement approprié. Dans cette perspective, le présent chapitre se propose d'en circonscrire les diverses facettes.

DESCRIPTION

Ce qu'on appelle syndrome mixte ou état anxio-dépressif est une substitution de l'ancien terme "dépression réactionnelle". Le syndrome mixte est décrit dans la dernière classification américaine des troubles mentaux (DSM-III), sous la rubrique des désordres d'adaptation avec troubles mixtes de l'humeur, l'humeur étant à la fois dépressive et anxieuse. Les états anxio-dépressifs se retrouvent à tous les stades de la vie adulte. Ils sont associés à des difficultés d'adaptation, ils sont exogènes, c'est-à-dire réactionnels. C'est pourquoi ils se situent à la frontière du normal et du pathologique. Le syndrome mixte est lié à l'environnement, il est étroitement associé à un événement stressant. Le facteur de stress peut être identifiable (p. ex. divorce, perte d'un être cher, maladie physique, etc.) ou il peut être moins facilement discernable (p. ex. mésentente matrimoniale, perte progressive de fonctions professionnelles, etc.). Quoiqu'il en soit, l'individu se sent affecté par ces situations à un point tel qu'il manifeste à des degrés divers des symptômes d'anxiété et de dépression. *Les symptômes d'anxiété* sont plutôt psychiques que physiques:

1. appréhension vague (crainte du pire), inquiétudes;

2. troubles du sommeil (surtout difficultés d'endormissement);

3. altérations cognitives (troubles de la concentration et de l'attention);

4. peurs multiples sans qu'il y ait phobie;

5. ruminations et cauchemars.

L'aspect dépressif n'a pas l'intensité de la dépression de nature endogène, c'est-à-dire peu liée à l'environnement. Il ne comporte pas non plus les caractéristiques des dépressions endogènes qui sont: le manque d'intérêt général dans la vie, le manque d'énergie, l'apathie, la forte culpabilité, la lenteur psychomotrice, etc. Cependant, dans l'état anxio-dépressif, il y a passivité accrue, tristesse et baisse d'intérêt dans la vie. Néanmoins, la personne demeure stimulable, ainsi elle pourra se mobiliser pour certaines activités et s'y plaire. La capacité de réaliser son travail sera affectée mais maintenue, contrairement à la dépression endogène où elle est perdue. Sur le plan du diagnostic, les états anxio-dépressifs se caractérisent par une amélioration des symptômes (insomnie, etc.), lors de changement d'environnement. Ainsi, des vacances, des loisirs peuvent contribuer à améliorer l'état de la personne.

EXEMPLE CLINIQUE

Afin d'illustrer ce que peut être un syndrome mixte, on peut citer le cas de cette femme âgée de 51 ans, suivie en psychothérapie. Au cours de l'année qui a précédé la consultation, la patiente a dû subir une intervention chirurgicale pour un cancer du sein. Lors de cette intervention, il y a eu ablation du sein (mastectomie) et des ganglions environnants. Avant son intervention chirurgicale, la patiente présentait un bon fonctionnement mental. Elle était une femme active, dynamique et sportive. Elle réussissait bien à concilier son métier, sa vie de femme mariée et son rôle de mère. Elle jouissait d'une très bonne santé physique et elle était particulièrement énergique.

Dans les mois qui ont précédé l'ablation, son mari avait été démis de ses fonctions et avait dû trouver un nouvel emploi. De plus, son fils cadet avait quitté la province pour aller poursuivre ses études universitaires dans un autre pays. La patiente avait été affectée par ces événements, mais elle avait réagi de façon appropriée. Sa relation avec son mari était bonne et elle s'épanouissait dans son travail d'agent d'immeuble. Ses enfants n'étant plus à la maison, elle disait profiter de son temps libre pour s'adonner à ses activités sportives ou encore pour sortir avec son mari ou ses amis.

Apprendre qu'elle avait une tumeur au sein fut un choc pour elle. Par la suite les événements se précipitèrent: opération, séances quotidiennes de radiothérapie pendant quelques semaines, chimiothérapie et nombreux examens médicaux. La patiente avoue qu'à partir de ces événements sa vie a basculé. Elle s'est soudainement sentie vulnérable physiquement et psychiquement. Elle se sentait affaiblie et mutilée. Son image corporelle s'est modifiée considérablement: elle ne pouvait plus faire confiance à son corps auparavant si énergique. Elle vivait continuellement avec la peur d'un autre cancer.

À cette peur constante d'un nouveau cancer, se sont joints divers symptômes d'anxiété: insomnie, anticipation du pire, troubles de la concentration, ruminations. D'autre part, des éléments dépressifs se sont ajoutés: manque général d'intérêt, passivité, diminution de l'appétit et du poids, tristesse profonde (surtout le soir), baisse de l'estime de soi, sentiment d'échec, détresse, idées de mort. À toutes ces difficultés se sont greffés les bouleversements de la ménopause. Il lui fallait donc simultanément s'adapter à la cinquantaine, assimiler les profondes transformations de la ménopause et intégrer son cancer. Toutes ces exigences d'adaptation ont rompu son équilibre psychique, du moins, temporairement. Le traitement s'est situé à trois niveaux différents:

a. Au niveau de la réalité: Il a été important d'aider la patiente à s'adapter à sa nouvelle réalité, c'est-à-dire l'inciter à s'offrir une meilleure hygiène de vie, à s'accorder plus de moments de détente et de repos, et à planifier des horaires de journée moins chargés.

b. Au niveau symptomatique: Au moment de la "crise" (période de 6 mois), la patiente a dû recevoir une médication anxiolytique pour diminuer ses symptômes d'anxiété et de dépression.

c. Au niveau psychothérapique: Une psychothérapie de soutien échelonnée sur plusieurs mois a été entreprise sur la base d'une entrevue par semaine. Les buts principaux de la psychothérapie étaient d'aider la patiente à exprimer ses sentiments, à s'adapter à sa nouvelle image corporelle, à résoudre la crise d'identité de la cinquantaine et à circonscrire l'étendue de ses limites actuelles et de ses possibilités.

Plusieurs mois après l'intervention chirurgicale, la patiente présentait une bonne rémission de son cancer. Sur le plan psychique, ce n'est que progressivement qu'elle a émergé de son état anxio-dépressif. Il lui a fallu beaucoup d'efforts pour rétablir à nouveau son équilibre mental. Aujourd'hui, elle continue d'essayer de récupérer ses forces, mais elle demeure fondamentalement plus vulnérable à l'anxiété.

Tableau V

LA CONTRIBUTION
DES FACTEURS ÉTIOLOGIQUES
DANS LES ÉTATS ANXIO-DÉPRESSIFS

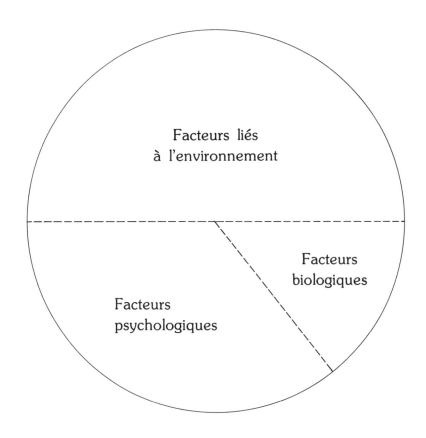

ÉTIOLOGIE

En référence au tableau V, on peut dire que parmi les facteurs contribuant au déclenchement du syndrome anxio-dépressif, les facteurs de l'environnement sont nettement prédominants. Le syndrome anxio-dépressif se retrouve à tous les stades de la vie adulte et survient souvent à la suite d'événements stressants: perte d'un être cher, maladie importante, séparation du couple, etc.

Avec l'âge, ces événements auraient plus d'impact puisque l'individu dispose de moins d'énergie et d'une capacité d'adaptation plus restreinte. C'est pourquoi dans la quarantaine et ultérieurement, ces événements atteignent la personne de façon plus globale.

Par ailleurs, les agents de stress peuvent être plus diffus et difficiles à identifier comme tels: difficultés économiques, travail peu valorisant, mésentente conjugale persistante, etc. Dans ce cas, la relation avec les facteurs de l'environnement est plus difficile à mettre en évidence.

On ne trouve pas ou peu de pathologie psychiatrique familiale dans les états anxio-dépressifs. On ne peut donc pas mettre en relief un aspect génétique ou familial.

En conclusion, quand on veut analyser les causes d'un syndrome anxio-dépressif, il faut d'abord se référer aux éléments pathogènes de l'environnement et de façon secondaire aux difficultés psychologiques vécues dans l'histoire personnelle du patient.

PRONOSTIC

Les états anxio-dépressifs sont réactionnels à un changement de l'environnement, ils se résorbent progressivement si l'environnement se modifie ou encore si l'individu réussit à s'y adapter. Contrairement aux états de panique ou à l'anxiété généralisée, cette condition n'a pas tendance à devenir chronique. En d'autres termes, le pronostic du syndrome anxio-dépressif est assez bon. Cet état peut durer quelques mois ou s'échelonner sur une période d'un an ou exceptionnellement de quelques années.

L'individu atteint souffre d'angoisse, de tristesse et de symptômes physiques (p. ex. maux de tête, palpitations, etc.). Son fonctionnement est dans l'ensemble maintenu mais il se sent en crise: il ne se sent plus "le même". Cependant, après une période de temps variant de quelques mois à un an, il se sent mieux et ses symptômes disparaissent pour la plupart. Il est important de mentionner qu'il faut le temps nécessaire pour que cette condition se résorbe. Il faut s'attendre à une évolution lente et parfois à des rechutes. Ainsi, lorsqu'une personne vit un stress important, par exemple la perte d'un être cher ou la séparation de son couple, il faut considérer qu'une période minimale d'un à deux ans s'avère nécessaire pour s'adapter à ces situations complexes. De plus, au cours de cette adaptation, cette personne sera naturellement plus vulnérable à d'autres événements stressants. Il est évident que le pronostic de cette condition est meilleur si la personne est aidée. L'aide de la part des proches et d'un thérapeute (médecin ou psychothérapeute) demeure à long terme l'élément fondamental.

TRAITEMENT

Le syndrome anxio-dépressif est une condition sérieuse et il ne faut pas attendre que les choses se résorbent d'elles-mêmes. Dans certains cas où les symptômes sont assez sévères pour affecter le fonctionnement de l'individu, il est important que la personne consulte son médecin pour éviter des complications plus sévères et la prolongation anormale d'une souffrance psychique importante. Des médicaments anti-anxiété pourront être prescrits pour des périodes transitoires.

La plupart des personnes qui souffrent d'un état anxio-dépressif ont tendance à penser que "les choses s'arrangeront d'elles-mêmes". Lorsque leur état se détériore et que les symptômes deviennent plus importants, elles consultent le plus souvent leur médecin de famille. Ce dernier pourra décider du type d'intervention nécessaire: soutien, médication, psychothérapie spécialisée, etc. Ce que ces personnes déplorent surtout lorsqu'elles arrivent en consultation, c'est de ne pas "être comme avant". Elles présentent au premier plan leurs symptômes physiques (p. ex. fatigue, difficultés digestives, perte de poids) et leur anxiété, mais elles ont tendance à dissimuler leur tristesse. Cette dernière peut paraître secondaire à leur anxiété, mais elle est au contraire aussi importante et aussi paralysante. En fait, elle est au centre de l'atteinte personnelle et elle constitue l'élément essentiel de leur changement. C'est-à-dire que, si la tristesse est identifiée et exprimée, il sera plus facile pour la personne d'essayer de changer sa situation ou de se changer elle-même.

Il est important à ce stade de bien identifier le syndrome anxio-dépressif et de bien faire comprendre au patient que ses malaises physiques sont importants, mais que son état mental l'est tout autant. Ce dont la personne a le plus besoin, c'est de parler de ce qu'elle vit et d'exprimer les sentiments qui s'y rattachent. Elle a besoin de soutien et doit sentir qu'elle est écoutée et entourée. Souvent la personne obtient cette aide de son entourage immédiat (conjoint, famille, etc.) et de son médecin de famille. On peut également lui suggérer des techniques de relaxation (voir chap. IV, traitement de l'anxiété généralisée) afin de l'aider à se relaxer et à diminuer ainsi son anxiété.

La condition anxio-dépressive étant réactionnelle, c'est-à-dire liée au milieu, il est important à ce niveau d'aider la personne à changer s'il y a lieu sa situation ou à s'y adapter en trouvant d'autres possibilités. Ainsi, à une personne qui a un travail exigeant, il peut être suggéré de diminuer son nombre d'heures de travail par semaine ou encore de changer d'emploi. Pour un individu qui vit une situation de couple particulièrement conflictuelle, il peut être recommandé de consulter un thérapeute en couple ou encore à la limite d'envisager une séparation. Comme dans toute condition d'anxiété, il faut également encourager la personne à améliorer son hygiène de vie, c'est-à-dire consacrer plus de temps à la relaxation et aux loisirs, s'alimenter sainement, diminuer la consommation d'alcool, de caféine ou de nicotine, pratiquer une activité sportive régulièrement et dormir suffisamment.

Dans les formes plus sévères, il est nécessaire de prescrire une médication anxiolytique, du moins le temps requis pour que la période de "crise" soit maîtrisée. À ce stade, il est important d'aider la personne à accepter le fait que pour quelques temps elle doit prendre des médicaments afin d'accélérer l'adaptation.

Lorsque la thérapie de soutien et la médication ne réussissent pas à endiguer les symptômes ou lorsque la condition mentale se prolonge, il peut être indiqué d'envisager une psychothérapie structurée. En ce qui concerne les états anxio-dépressifs, une psychothérapie brève (environ 6 à 9 mois) de type comportementale (behaviorale) peut être recommandée. Une thérapie comportementale peut viser, d'une part, l'apprentissage des techniques de relaxation et, d'autre part, l'élaboration d'une pensée positive. Cependant, le plus souvent d'autres mesures de soutien peuvent accélérer l'adaptation. Ainsi, par exemple, des groupes de relations humaines peuvent aider la personne à exprimer ce qu'elle ressent et à construire des relations interpersonnelles plus gratifiantes et plus harmonieuses.

En conclusion, on peut dire que les états anxio-dépressifs étant surtout réactionnels, le traitement doit être abordé sur un double front. D'une part, il est important d'aider la personne à essayer de changer sa situation et à améliorer son hygiène de vie; d'autre part, il est essentiel que le patient entreprenne une démarche de changement interne dans le but de réorienter sa vie. Pour entreprendre cette démarche, la personne a besoin de l'aide d'un thérapeute, c'est-à-dire de son médecin de famille ou d'un psychothérapeute. Elle a également besoin du soutien de son entourage pour l'inciter à voir son médecin, à poursuivre ses traitements et à exprimer ce qu'elle ressent. Plus que tout, elle a besoin de présence et doit sentir qu'on lui donne le temps nécessaire pour récupérer. Il faut comprendre que le processus de changement est un travail long et difficile chez l'être humain.

SYNDROME D'ÉPUISEMENT PROFESSIONNEL (BURNOUT)

Il convient ici de distinguer clairement le syndrome d'épuisement professionnel des états anxio-dépressifs, ces deux conditions étant trop souvent confondues. En effet, étant donné la popularité du terme syndrome d'épuisement professionnel, il arrive qu'on en fasse un usage erroné en suggérant qu'un individu souffre de "burnout", alors qu'il souffre d'un état anxio-dépressif. Tout d'abord, il convient de spécifier que ces deux conditions constituent des troubles d'adaptation. Ainsi qu'il a été mentionné antérieurement, l'état anxio-dépressif est réactionnel à un facteur de stress. Il se présente avec un trouble de l'humeur de type anxieux et dépressif. Pour sa part, le syndrome d'épuisement professionnel se caractérise principalement par une inhibition au travail, une diminution de la productivité et de la créativité.

En général dans le "burnout", on ne peut identifier comme tel un nouvel agent de stress. La situation de l'individu n'est pas changée, il poursuit le travail qu'il accomplit depuis quelques années, mais il s'épuise sous la demande d'énergie et d'efforts qu'exige celui-ci. Contrairement à l'état anxio-dépressif, le "burnout" touche un secteur spécifique du fonctionnement de la personne, soit son fonctionnement au travail ou dans les études. Ce concept s'apparente donc à la notion plus ancienne de "stress au travail". On peut y identifier trois éléments principaux qui sont interdépendants:

1. l'épuisement physique ou psychique;

2. la "déshumanisation" des rapports interpersonnels au travail (la personne se sent comme un "robot", et ses relations de travail sont dépersonnalisées);

3. une attitude négative, un retrait et une baisse de la productivité en raison du fait que le travail a perdu son sens et sa raison d'être.

L'incidence de ce syndrome varie selon le type de travail de l'individu et le milieu où s'effectue ce travail. Les professions les plus touchées nécessitent une adaptation continuelle de la part des individus qui les pratiquent et qui doivent souvent affronter des situations ambiguës ou traumatisantes. Les policiers et les ambulanciers sont les corps professionnels les plus atteints. Les travailleurs qui ont un horaire de soir ou de nuit sont également plus vulnérables au "burnout". Par contre, des occupations plus routinières telles que réceptionniste, facteur, ouvrier à la chaîne prédisposent moins au "burnout". Enfin, le "burnout" peut se retrouver à une fréquence variable au niveau de divers métiers ou professions.

Nous citerons ici le cas d'un homme âgé de 38 ans qui, au moment de la consultation, était dans l'enseignement secondaire depuis plus de douze ans. Cet homme était venu en consultation parce qu'il se sentait "vidé" et "démoralisé". Il se plaignait principalement de ses difficultés de fonctionnement au travail. Il se disait "écoeuré" de sa fonction d'enseignant. Il n'avait plus le goût d'exercer son emploi et avouait que ce dernier était devenu vraiment une corvée. Il se sentait épuisé, se surprenait parfois à compter le nombre de jours d'enseignement qu'il pouvait lui rester dans la semaine ou dans l'année. Il n'entrevoyait nullement comment il pourrait assumer sa tâche jusqu'au bout. Il avouait qu'avec ses élèves ses rapports s'étaient appauvris et déshumanisés. Il ne se sentait aucun intérêt pour eux. Lorsqu'il donnait ses cours, il se sentait comme un automate. Cette situation s'était développée progressivement au cours des dernières années. Alors qu'il avait été un professeur dynamique, enthousiaste et plein d'intérêt pour ses élèves, il se percevait maintenant comme un professeur peu attrayant, et de faible calibre. Par contre, son fonctionnement à l'intérieur des autres sphères de sa vie était demeuré pratiquement intact, sa vie familiale et sociale demeuraient gratifiantes. Il était évident que ce patient souffrait de "burnout" et qu'il fallait envisager la thérapeutique appropriée.

C'est le plus souvent par l'intermédiaire du médecin de famille que la personne atteinte arrive en consultation spécialisée. Elle dit se sentir "épuisée" et demande souvent un congé de maladie. Elle peut présenter divers symptômes physiques et psychiques, mais les difficultés de fonctionnement au travail constituent l'élément principal. Dans ce cas, le traitement peut se situer sur deux plans:

    a. Au niveau du soutien: La personne est informée de son état et elle est encouragée à exprimer ses émotions dans le contexte d'une relation privilégiée.

b. Au niveau de la réalité: On peut lui suggérer de se recycler, de se réorienter, de changer d'emploi si cela est nécessaire ou de prendre un congé sabbatique pour se ressourcer et réaménager sa vie professionnelle.

Le syndrome d'épuisement professionnel est relativement récent et il a une forte coloration culturelle, c'est-à-dire qu'il est intimement relié à nos sociétés modernes hautement technocratiques et compartimentées. Il peut évoluer vers une condition d'anxiété, mais le plus souvent ce n'est pas le cas. Le fonctionnement général de la personne n'est pas atteint comme dans le cas d'un désordre psychiatrique. Il faut donc se méfier de penser qu'un individu souffre d'une maladie psychiatrique alors qu'il souffre de "burnout". À l'inverse, il faut prendre garde d'utiliser à tort ce nouveau terme de "burnout" et de confondre cet état avec une pathologie bien structurée qui, n'étant pas identifiée, risque fort de se détériorer.

Afin de faciliter la compréhension du lecteur, nous présentons dans le tableau VI les principales distinctions entre le syndrome d'épuisement professionnel et les états anxio-dépressifs.

Tableau VI

COMPARAISON ENTRE LES ÉTATS ANXIO-DÉPRESSIFS ET LE SYNDROME D'ÉPUISEMENT PROFESSIONNEL

États anxio-dépressifs	Syndrome d'épuisement professionnel
• Incidence de 8% dans la population générale	• Incidence variable selon les professions
• Début abrupt ou graduel sous l'effet d'un agent de stress	• Début très graduel
• Trouble d'adaptation	• Trouble d'adaptation
• Symptômes d'anxiété et de dépression	• Difficultés de fonctionnement au travail (perte d'intérêt et de rendement)
• Thérapeutique: soutien	• Thérapeutique axée sur l'environnement

CONCLUSION

Le syndrome anxio-dépressif se situe à la frontière du normal et du pathologique. Il est lié à l'environnement, il est étroitement associé à un événement stressant. En apparence, le syndrome anxio-dépressif et le "burnout" sont similaires. Ces deux entités constituent des troubles d'adaptation et ils persistent plusieurs mois et parfois plusieurs années. Cependant ils diffèrent dans leur développement: le syndrome anxio-dépressif débute de façon assez abrupte sous l'effet d'un facteur stressant, tandis que le "burnout" se développe de façon très graduelle au fil des années. Finalement, l'axe principal du traitement du syndrome anxio-dépressif est le soutien, alors que pour le "burnout" le changement doit se situer dans l'environnement.

CHAPITRE IV

L'anxiété généralisée

Nous consacrons le présent chapitre à l'étude de l'anxiété généralisée, une affection qui constitue avec les états de panique dont nous parlerons dans le chapitre suivant, les deux subdivisions de l'ancien terme de névrose d'angoisse.

L'anxiété généralisée se caractérise par la présence d'un état anxieux et appréhensif. Les individus atteints parlent "d'une anxiété qui les guette constamment". On dit d'eux qu'ils "s'en font" ou qu' "ils se tracassent beaucoup trop". Ils ont tendance à être particulièrement tendus, inquiets et préoccupés. Il s'agit d'une anxiété diffuse et qui ne cesse pas. Parfois cette anxiété est vécue sous forme de "bouffée d'angoisse" au cours de laquelle la personne se sent étouffée et désespérée. Elle est ressentie comme une douleur psychique se transmettant au plan physique. Contrairement à la phobie, où l'angoisse est reliée à une ou des situations spécifiques (p. ex. prendre l'avion, être en présence d'un chien, etc.), l'angoisse vécue dans l'anxiété généralisée demeure flottante, c'est-à-dire toujours un peu présente et non reliée à des objets ou à des situations précises. L'individu atteint ne comprend donc pas la raison de son angoisse et s'en inquiète. Il en résulte un cercle vicieux où l'angoisse se perpétue et se complique.

On note souvent chez les anxieux des traits de personnalité de nature obsessionnelle. Ils ont tendance à être méticuleux, soucieux de leurs performances et de l'estime d'autrui. Dans leur relation avec les autres, ils ont tendance à être tendus et à vouloir à tout prix éviter les situations conflictuelles. Il est très important pour eux de plaire et de n'exprimer aucune agressivité. En apparence, ils établissent plusieurs compromis mais au fond d'eux-mêmes ces conciliations engendrent beaucoup de ressentiment. Il en résulte que l'individu éprouve une forte dualité dans son image de lui-même: d'une part il s'efforce d'être parfait sur tous les plans et aimé de tous, mais d'autre part sa colère refoulée lui donne la conviction d'être mauvais et de ne pas devoir perdre son contrôle. En effet, l'image négative et destructive serait alors connue et deviendrait très menaçante. Une patiente exprimait ce conflit en ces termes:

"On m'aime, on me trouve agréable... mais si on savait qu'il y a un monstre en moi, un monstre bien vivant qui me guette et qui veut se faire connaître. Très souvent j'ai peur qu'il réussisse..."

Il est à noter également que les individus anxieux demeurent distants face à eux-mêmes et à leurs besoins qui sont souvent niés et refoulés. Ainsi, dans leur relation avec autrui, les individus anxieux ont tendance à se présenter comme des gens qui n'ont pas beaucoup besoin qu'on s'occupe d'eux. Ayant l'habitude de réussir dans leur vie, ils semblent auto-suffisants. Sur le plan de leur dynamique interne, ils vivent d'importants conflits reliés à leur besoin de dépendance. Ainsi, lorsqu'ils se sentent très anxieux ou désespérés, ils ont tendance à nier leur besoin d'être rassurés, consolés et pris en charge et ils cherchent plutôt à dissimuler leur angoisse. Plus ils se sentent vulnérables, plus ils craignent leur dépendance. Ainsi, fondamentalement, la personne anxieuse demeure distante dans ses relations et, sous sa carapace bienveillante, elle cache un être auquel on a difficilement accès.

Par ailleurs, il faut mentionner que ce tableau se modifie considérablement lorsque l'anxiété acquiert des proportions très importantes. En effet, sous l'impact d'un débordement d'anxiété, les défenses deviennent inefficaces et l'individu devient alors irritable et inconciliant; il s'accroche désespérément à ses objets d'amour ou il les repousse. Toute cette dynamique interne a beaucoup de conséquences au niveau des relations que la personne établit avec son entourage et avec son thérapeute.

En ce qui concerne le développement de l'anxiété généralisée, on peut dire, ainsi qu'il a été mentionné an-

térieurement, que cette affection se présente habituellement chez des gens ayant des traits obsessionnels et qui
réussissent assez bien dans leur vie sociale et professionnelle. Elle débute fréquemment par une crise aiguë d'appréhension ou d'angoisse s'accompagnant d'une hyperactivité du système autonome et simulant la présence
d'un trouble cardiaque. Les personnes atteintes se croient
donc d'abord souvent victimes d'un problème cardiaque
quelconque. Dans les mois qui suivent la première crise,
l'anxiété diffuse s'installe, ponctuée de bouffées d'angoisse. La personne demeure inquiète, préoccupée de sa
santé et craintive face aux situations inconnues. Cet état
commence souvent chez le jeune adulte lors d'une période de remise en question de ses choix de vie (p. ex. carrière, mariage, etc.).

Sur le plan symptomatique, dans l'anxiété généralisée, on peut dire que c'est l'angoisse avec son versant somatique qui prédomine. En effet, c'est le plus souvent par
l'intermédiaire de la médecine générale que ces patients
arrivent en consultation psychologique ou psychiatrique.
Certains sont vus d'abord en cardiologie pour des palpitations et des douleurs thoraciques. La plupart se plaignent
de tension musculaire, de crampes, de contractures, de
douleurs dorsales ou lombaires. Souvent ils déplorent
aussi une augmentation de la sudation et des perturbations digestives. L'anxiété psychique se manifeste par
l'anticipation du pire, les peurs, le doute, les troubles du
sommeil et des changements dans les facultés cognitives
(difficultés de concentration, atteinte de la mémoire, etc.).
Selon la dernière classification américaine des troubles
mentaux (DSM-III), on peut diagnostiquer l'anxiété géné-

ralisée lorsqu'on a noté à l'évaluation clinique la présence d'au moins trois de ces quatre catégories de symptômes:

1. la tension motrice,
2. l'hyperactivité autonome,
3. l'appréhension, l'inquiétude exagérée,
4. les troubles de la vigilance (concentration, attention).

Ces symptômes doivent persister pendant au moins un mois pour être significatifs. Une fois installée, l'anxiété généralisée rend l'individu plus vulnérable aux agents de stress, aux situations ambiguës et aux contrariétés de la vie quotidienne. Ainsi, il peut y avoir augmentation de l'intensité des symptômes, mais l'état général de l'individu est relativement stable. La personne demeure plus fragile, mais elle peut maintenir son fonctionnement.

Afin d'aider le lecteur, nous établissons dans le tableau VII une comparaison entre le syndrome anxio-dépressif décrit au chapitre III et l'anxiété généralisée.

FRÉQUENCE

L'anxiété généralisée atteint 3% de la population générale et se présente autant chez les hommes que chez les femmes. Par ailleurs, certains auteurs notent que ce diagnostic vise 8 à 10% de leur population psychiatrique. Ces données impliquent donc que la plupart des individus souffrant de cet état ne sont jamais vus en psychia-

Tableau VII

COMPARAISON ENTRE LES ÉTATS ANXIO-DÉPRESSIFS ET L'ANXIÉTÉ GÉNÉRALISÉE

États anxio-dépressifs	Anxiété généralisée
• Incidence de 8% dans la population générale	• Incidence de 2,5 - 3% dans la population générale
• —	• 1 femme : 1 homme
• Trouble d'adaptation se situant à la limite du normal et du pathologique	• Principalement endogène
• Pronostic: bon	• Pronostic réservé: nombreuses complications, tendance à la chronicité
• Symptômes d'anxiété et de dépression	• Prédominance des symptômes d'anxiété de nature psychique. Anxiété flottante
• Capacité de fonctionnement maintenue	• 15% de patients dysfonctionnels
• Traitement psychologique (soutien) axé sur l'adaptation de la personne. À court terme	• Traitement: combinaison d'anxiolytiques (benzodiazépines) et de psychothérapie de soutien ou spécialisée. À long terme

trie ou en psychologie et que souvent le médecin de famille est le principal thérapeute. On note également une prédisposition héréditaire et familiale, car environ 20% des parents proches vont présenter la même affection. En d'autres termes, l'anxiété généralisée comporte un aspect héréditaire, et dans la famille d'un individu qui en souffre, on a une possibilité de 20% de trouver un parent de premier degré (père ou mère, frère ou soeur, enfant) victime de cette même affection.

Ce syndrome débute habituellement au cours de la vingtaine, mais le plus souvent la personne attendra d'avoir atteint la trentaine avant de consulter un psychothérapeute. La maladie a donc évolué pendant plus de dix ans, et souvent la personne a utilisé des médicaments contre l'anxiété après consultations répétées chez le médecin pour verbalisation et recherche de soutien. Dans la pratique de la psychothérapie, nous avons noté qu'une très forte proportion des personnes qui viennent nous consulter ou qui nous sont référées souffrent d'anxiété généralisée.

ÉTIOLOGIE (CAUSES)

Dans l'anxiété généralisée on note la présence de facteurs endogènes ou internes et de facteurs exogènes ou externes. En ce qui concerne les causes exogènes, on constate la présence de certains agents de stress dans la vie des personnes anxieuses (p. ex. mésentente conjugale, travail exigeant, etc.), mais ces facteurs externes ne constituent pas les déterminants principaux de la maladie.

En fait, comme on peut le voir dans le tableau VIII, les facteurs endogènes (de nature biologique et psychologique) se combinent aux facteurs exogènes pour donner lieu à l'anxiété généralisée. C'est l'hypothèse dite multifactorielle.

Nous présentons ici quatre théories explicatives de l'anxiété généralisée.

A. Théorie psychanalytique

Depuis Freud, l'école psychanalytique a largement contribué à la compréhension du concept d'anxiété. Selon les théories de cette école, l'émotion refoulée cherche à s'exprimer et l'anxiété en est le signal. Ainsi l'anxiété découle d'un conflit interne entre, d'une part, une émotion qui cherche à s'exprimer (p. ex. la colère) et, d'autre part, le Moi qui la juge inacceptable et qui refuse son expression. Le Moi érige des défenses (p. ex. refouler la colère, la déplacer sur quelqu'un d'autre) pour résoudre le conflit et l'anxiété est alors diminuée. Cependant, lorsque les défenses mobilisées sont inefficaces, l'anxiété persiste et donne lieu à divers symptômes (malaises physiques, insomnie, etc.). En conclusion, selon le point de vue psychanalytique, l'anxiété est intimement reliée au monde intérieur de l'individu; elle se situe dans l'inconscient et indique au Moi d'élaborer des barrières que l'on appelle les défenses. Cette lutte interne peut conduire aux symptômes mentionnés.

Tableau VIII

LA CONTRIBUTION
DES FACTEURS ÉTIOLOGIQUES
DANS L'ANXIÉTÉ GÉNÉRALISÉE

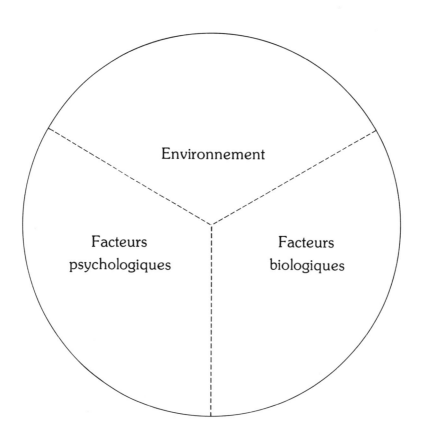

Environnement

Facteurs
psychologiques

Facteurs
biologiques

B. Théorie de l'apprentissage

Selon la théorie de l'apprentissage ou théorie comportementale, l'anxiété est apprise au contact des situations. Ainsi, l'anxiété pathologique est due à l'association d'un stimulus neutre et d'un événement traumatisant. Dans certains cas de phobie, cette association est parfois évidente. Nous pensons ici au cas de cette patiente ayant la phobie de manger dans un lieu public (restaurant, salle de réception, etc.). Le restaurant était initialement un stimulus neutre c'est-à-dire non menaçant; cependant ayant été associé à un traumatisme (rupture avec son premier amant), le repas au restaurant est devenu stimulus négatif. La patiente a donc été conditionnée à craindre le repas dans un lieu public et à chercher à éviter le renouvellement de l'expérience traumatisante.

Selon la théorie de l'apprentissage, l'anxiété généralisée serait reliée à une série d'événements non traumatisants comme tels, mais stressants. Un événement stressant (p. ex. changement d'emploi, divorce, etc.) engendrerait parfois peu ou pas de symptômes, mais il rendrait l'individu de plus en plus vulnérable. Ceci constitue ce que les théoriciens nomment la période d'incubation. Cette répétition de conditionnements ou cette accumulation après quelques mois induisent les symptômes qui se multiplient et acquièrent une intensité importante. Donc, à la suite d'une période d'incubation (pendant laquelle l'individu est soumis à divers stress), un état général d'anxiété s'installe. L'organisme a été incapable d'assimiler cette succession de facteurs stressants soit parce qu'ils étaient trop importants ou trop rapprochés. Il n'a pu se déconditionner et récupérer son fonctionnement normal, c'est-à-dire effectuer la démarche inverse au conditionnement où l'on absorbe le traumatisme.

Revenons à l'exemple de l'étudiant qui débute à l'université. Au cours de cette étape, on a une multiplication d'agents de stress pour lesquels l'adaptation est souvent incomplète: vie en appartement, difficultés financières, examens exigeants, compétition entre les étudiants, etc. Les facteurs de stress sont souvent trop nombreux pour être assimilés, et il en résulte une période d'incubation au cours de laquelle l'organisme devient de plus en plus vulnérable à l'anxiété. C'est pourquoi la période d'adaptation à la vie universitaire est favorable à l'éclatement de l'anxiété.

C. Théorie génétique

Ainsi qu'il a été mentionné antérieurement, l'incidence familiale de l'anxiété généralisée est bien connue et l'aspect génétique a intéressé les cliniciens depuis plusieurs années. On trouve dans les ouvrages spécialisés la description de plusieurs cas de jumeaux. Certaines études observent une concordance de 50% et de 65% chez les jumeaux monozygotes ou identiques. En d'autres termes, lorsqu'un jumeau souffre de cette affection, il existe une possibilité très forte de retrouver cette même maladie chez son jumeau identique. Par ailleurs, chez les jumeaux hétérozygotes ou non identiques, cette possibilité n'est que de 20%.

Ainsi que nous l'avons déjà rapporté, d'autres recherches mentionnent effectivement un risque de syndrome de 20% chez les parents de premier degré d'un individu anxieux (père, mère, frères, soeurs, enfants). Ces diverses études mettent donc en relief l'aspect familial de l'anxiété généralisée. Par ailleurs, il n'en reste pas moins que de nombreuses personnes atteintes ne présentent pas d'histoire familiale d'anxiété. On ne peut donc pas retenir l'aspect génétique comme unique hypothèse pouvant expliquer un état d'anxiété chez un individu. L'incidence génétique s'explique par la présence de facteurs biologiques que nous allons décrire.

D. Théorie biologique

Les facteurs biologiques sont de deux types. Ceux de type périphérique sont liés au système nerveux autonome et ceux de type central relèvent directement du cerveau. Il a été démontré depuis quelques années que les anxieux révélaient des anomalies physiques telles une augmentation de la fréquence cardiaque au repos, une augmentation de la circulation sanguine et une augmentation de la conductance cutanée. Ainsi a-t-on prouvé l'excitation accrue du système nerveux autonome. Plusieurs théories ont essayé d'expliquer ces changements chez l'anxieux. Parmi celles-ci, deux nous semblent pertinentes. Tout d'abord, la théorie de James Lang qui postule que l'excitabilité périphérique accrue chez l'anxieux entraîne une plus grande conscience des phénomènes physiques et par conséquent un état psychologique d'alerte.

Il suffirait donc de bloquer cette grande excitabilité en périphérie pour contrôler par ricochet l'anxiété. Cette théorie s'est avérée malheureusement insuffisante, même si elle a stimulé plusieurs recherches.

Une autre théorie tente d'expliquer l'anxiété par un phénomène périphérique. Ainsi, on a émis l'hypothèse que le taux d'adrénaline secrétée par la glande médullo-surrénale augmenterait en réponse au stress. De plus, chez les personnes souffrant d'anxiété, il existerait également une augmentation anormale de la noradrénaline et de la monoamine-oxydase plaquettaire. Selon cette théorie, l'anxiété résulterait de l'hyperactivité des récepteurs adrénergiques. Cependant, l'utilisation d'agents pharmacologiques diminuant cette activité n'entraîne pas les résultats escomptés.

Ainsi, au fil des années, on a constaté que l'anxiété diffère du stress en ce sens qu'on ne peut déterminer d'agents de stress spécifiques dans l'anxiété et que plusieurs causes biologiques et psychologiques semblent intervenir dans le processus. Afin d'intégrer ces causes multiples, on a donc déplacé l'hypothèse vers des causes dites centrales.

Nous retiendrons ici les deux hypothèses les plus connues parmi les plus récentes rapportant l'anxiété aux causes centrales: la théorie du locus coeruleus et la théorie des récepteurs des benzodiazépines (agents anxiolytiques). Le locus coeruleus, un noyau à la base du cerveau, contient un grand nombre de neurones noradrénergiques qui sont reliés au cortex cérébral. Chez l'animal, des stimulations au niveau de cette région provoquent l'angoisse. De plus, des médicaments stimulant le locus coeruleus entraînent une augmentation du taux d'anxiété. Par ailleurs, d'autres médicaments comme l'Imipramine, le Propranolol et les benzodiazépines, diminuent son activité. Ainsi, cette théorie neurophysiologique a un fondement anatomique et elle a été étudiée en physiologie et en pharmacologie. Elle a l'avantage d'intégrer la nature biologique de l'anxiété ainsi que l'aspect psychologique et perceptuel qui s'effectue au niveau du cortex cérébral. Ce modèle a été cependant critiqué pour son manque de spécificité et la nécessité d'approfondir les recherches.

Depuis la découverte des récepteurs des benzodiazépines, et ayant à l'esprit que les benzodiazépines diminuent l'anxiété, plusieurs chercheurs ont conçu l'anxiété comme étant soit un manque de ces récepteurs, soit un manque de substances anxiolytiques sécrétées par le neurone. Par ailleurs, la découverte de substances pharmacologiques qui, lorsqu'elles s'attachent à ces récepteurs induisent des états d'anxiété, complète l'hypothèse. Cette deuxième hypothèse centrale est encore plus globale que l'hypothèse du locus coerulus, car les récepteurs benzodiazépiniques touchent presque tous les neurones, et cette hypothèse permet d'intégrer davantage les phénomènes biologiques et psychologiques. Ainsi, une personne qui en raison de son passé et de son apprentissage a tendance à interpréter toute nouveauté comme menaçante, va présenter une réponse particulière surtout au niveau du cortex cérébral. Il y aura alors réaction des neurones entraînant une augmentation des récepteurs et de la synthèse des substances anxiolytiques. Cette théorie a entraîné beaucoup de recherches au cours des dernières années et elle semble très prometteuse. En définitive, parmi les causes biologiques, il y a deux causes périphériques que l'on a décrites ainsi que deux causes de nature centrale. Ces dernières semblent beaucoup plus adéquates pour intégrer les facteurs multiples qui entraînent le déclenchement de l'anxiété généralisée.

En conclusion, l'anxiété est un phénomène complexe. Ses causes sont multiples. Pour l'expliquer, il est nécessaire de se référer à un ensemble de facteurs génétiques, biologiques, psychologiques et d'apprentissage. Ces divers facteurs s'additionnent. Il en résulte divers degrés d'anxiété. Lorsque le seuil de la normalité est dépassé, l'anxiété devient pathologique, le fonctionnement de la personne est atteint. C'est là l'hypothèse multifactorielle, qui constitue actuellement l'hypothèse la plus retenue dans l'étiologie de l'anxiété.

PRONOSTIC

En ce qui concerne le pronostic de l'anxiété généralisée, il faut d'abord mentionner que son évolution est sujette à des fluctuations, mais que les symptômes ont tendance à persister. Selon certains auteurs, 12% des patients souffrant d'anxiété généralisée sont asymptomatiques, 15% sont symptomatiques avec atteinte importante de leur fonctionnement et 73% sont légèrement symptomatiques sans atteinte fonctionnelle. Si on compare l'anxiété et la dépression, l'anxiété au cours de la phase aiguë est moins sévère, et l'atteinte du fonctionnement de la personne est moindre que dans la dépression; cependant, l'anxiété a davantage tendance à devenir chronique. C'est pourquoi le taux de réadmission en milieu hospitalier serait plus élevé chez les anxieux que chez les dépressifs. Dans notre contexte, ceci signifie un retour en traitement, puisqu'il y a rarement hospitalisation pour anxiété.

On estime à plus de 50% le taux de patients anxieux qui développent une forme chronique de la maladie où les symptômes dérangent la vie quotidienne. Ce pourcentage est surtout élevé chez les femmes. Une étude récente a également démontré qu'une proportion importante d'anxieux font usage de psychotropes ou d'alcool pendant plusieurs années de leur vie. Par ailleurs, sur le plan médical, on a montré plus de conditions pathologiques chez les anxieux que chez les cas contrôles (normaux). Ainsi l'ulcère peptique, l'hypertension et autres maladies cardiovasculaires seraient présentes dans 25% des cas.

De plus, certains travaux ont montré un taux de mortalité prématuré (avant 40 ans) trois fois plus élevé que dans le groupe contrôle. Des changements endocriniens et une hyperactivité du système nerveux autonome expliqueraient cette morbidité et cette mortalité accrue chez les anxieux. En résumé, la personne souffrant d'anxiété anormale qui persiste risque d'avoir plus de problèmes médicaux et elle est davantage vulnérable aux autres maladies ou infections et aux agents de stress.

La souffrance et l'inquiétude de ces individus expliqueraient par ailleurs le grand nombre d'examens médicaux et de visites médicales qu'ils demandent. De plus,

étant pour la plupart irritables pendant les périodes aiguës, ils ont tendance à avoir un fonctionnement réduit
sur le plan social et familial. On observe souvent chez ces
personnes des difficultés conjugales ou une vie sociale
plus restreinte. Leur fonctionnement au travail est souvent atteint en raison de leurs malaises physiques et
psychiques et de leurs absences fréquentes.

En conclusion, le pronostic de l'anxiété généralisée
est réservé, car la tendance à la chronicité est forte et les
risques de complications médicales, familiales et sociales
sont importants. Néanmoins, on peut dire que si la personne bénéficie des traitements appropriés, elle augmente
ses chances de surmonter son anxiété. De plus, de saines
habitudes de vie (exercice, peu de café et d'alcool, horaire régulier) améliorent le fonctionnement général et peuvent diminuer l'impact de la maladie.

TRAITEMENT

Ainsi qu'il a été mentionné antérieurement, c'est
souvent par l'intermédiaire de la médecine générale que
la personne anxieuse arrive en consultation spécialisée.
Elle se présente avec divers malaises (p. ex. troubles cardiaques ou digestifs, céphalées, insomnie, etc.), et elle est
avant tout préoccupée par la souffrance que lui occasionnent ses symptômes. Elle attribue son anxiété à la persistance de ses symptômes et elle espère que l' "on" trouvera une cause physique à ses malaises.

À cette étape-ci, il est indiqué que la personne subisse un examen médical complet dans le but d'éliminer la présence de maladie physique susceptible d'induire de l'anxiété (p. ex. hyperthyroïdie ou épilepsie). Cela permet de vérifier qu'il n'y a pas d'origine organique aux symptômes présentés (p. ex. des troubles endocriniens).

Lorsque le bilan médical est négatif, la personne anxieuse a tendance à multiplier les consultations et à rechercher le médecin qui trouvera enfin quelque chose. Après de nombreuses démarches infructueuses, la personne se sent déçue et consternée. Elle exprime ses inquiétudes en ces termes: "Dans ce cas, si je n'ai rien, mes malaises sont imaginaires, je les invente". Après avoir constamment attribué la cause de son inconfort à ses symptômes, la personne doit donc faire face à l'idée que c'est son anxiété qui est à l'origine de ses symptômes. Cette première prise de conscience de la nature psychique de ses malaises entraîne plusieurs réactions, dont la culpabilité, la conviction d'être anormale, la honte et le sentiment d'impuissance. Ultérieurement, une adaptation interne s'effectue évoluant parfois jusqu'à l'acceptation de la condition. La lutte à contre-courant est terminée.

À ce niveau il est important d'aider la personne à placer son anxiété dans sa juste perspective, c'est-à-dire à la percevoir, non pas comme une condition honteuse, mais comme étant une douleur psychique dont il faut s'occuper au même titre que toute autre douleur. Ce cheminement personnel qui s'accomplit sur plusieurs semaines ou plusieurs mois incite la personne à accepter le fait qu'elle a besoin d'aide. Il faut mentionner ici que plus de 50% des gens souffrant d'anxiété généralisée vont se replier sur eux-mêmes et tenter de nier leur angoisse. C'est ce qui peut expliquer en partie le fait que moins du tiers des gens affectés consultent un professionnel de la santé.

L'étape suivante a pour but d'encourager la personne à améliorer son hygiène de vie:

1. meilleure alimentation,
2. diminution de la consommation d'alcool, de café et de nicotine,
3. périodes de détente plus fréquentes,
4. activités physiques régulières,
5. sommeil suffisant.

Il faut également aider la personne à réduire le plus possible les stress de son environnement (p. ex. à diminuer le nombre d'heures de travail ou à refuser éventuellement une promotion jugée trop stressante).

Par la suite, diverses méthodes thérapeutiques pourront être utilisées:

A. L'exploration et le soutien

La personne anxieuse a besoin de soutien. Parfois, l'entourage (le conjoint, les amis) peut lui donner un support précieux, mais lors des phases aiguës, la personne a besoin de vivre une relation d'aide privilégiée avec un professionnel de la santé (médecin de famille, psychothérapeute, etc.). Dans un premier temps, le thérapeute va investiguer l'intensité des symptômes et leur signification.

Dans l'anxiété pathologique, la personne est généralement peu en contact avec ses émotions et elle peut difficilement se permettre de les vivre. Dans ce sens, les
émotions sont peu différenciées et conduisent aux symptômes. Il s'agit d'aider la personne à identifier ses émotions, à les exprimer et à parler de son anxiété. Ce processus permet de détourner quelque peu l'individu de
ses symptômes en associant les malaises physiques et
psychiques à un vécu intérieur.

Ainsi, une patiente se plaignait de ressentir d'importants maux de tête le soir. Ses maux de tête l'inquiétaient
et l'indisposaient. Une consultation avec son médecin
n'avait permis de voir aucune cause médicale. Ses céphalées duraient quelques heures et bien que fréquentes, elles ne se présentaient pas tous les soirs. Après avoir été
questionnée sur ce qu'il pouvait y avoir de particulier
les soirs où les céphalées se présentaient, la patiente a
d'abord répondu que rien de spécial ne se passait ces
soirs là. Un peu plus tard, elle a réalisé qu'elle souffrait
de maux de tête presqu'uniquement les soirs où son mari
était présent. Elle a alors ajouté: "Mon mari doit me cas-
ser la tête". C'est ainsi qu'elle a pris conscience que la
présence de son mari provoquait sa tension, car plusieurs
conflits entre eux n'avaient pas été résolus. Sa tension en-
traînait ses céphalées la coupant ainsi de la colère qu'elle
avait depuis longtemps refoulée. En identifiant sa tension
et sa colère, les conflits avec son mari ne se sont pas
résolus spontanément mais au lieu de se replier dans ses
symptômes, la patiente a pu faire face aux sentiments res-
sentis envers son conjoint (colère, déception, ressentiment) et les lui exprimer adéquatement. Ce fut parfois
douloureux pour elle et pour sa vie conjugale, mais ce

processus s'avéra constructif: à l'intérieur du couple la patiente a appris à s'affirmer et à négocier.

Dans le contexte d'une relation thérapeutique privilégiée, la personne anxieuse peut donc accomplir tout un cheminement personnel. À ce niveau, il est important certes qu'elle puisse compter sur le thérapeute, mais il est essentiel qu'elle acquiert la conviction qu'elle est le principal agent de son développement personnel. Ainsi, elle doit pouvoir elle-même:

1. Identifier les stress de son environnement (manque d'espace, travail trop accaparant, mésentente conjugale continuelle, etc.);

2. S'attarder à ses réactions pour permettre l'introspection (situer à quel moment son anxiété devient plus importante ou en présence de qui, et pourquoi?);

3. Tenter de diverses façons de diminuer sa tension (exercices de relaxation, activités sportives, bains chauds, etc.).

B. Les thérapies spécialisées

Les traitements spécialisés procèdent de diverses façons. Certains visent le contrôle direct des symptômes comme la prise de médicaments anxiolytiques. La psychothérapie analytique approche indirectement les symptômes par leurs causes, et dans ce sens cette méthode déclenche un cheminement psychologique élaboré. D'autre part, la psychothérapie du comportement est à mi-chemin entre ces deux approches.

Psychothérapie d'orientation psychanalytique et psychanalyse

Lorsque la personne anxieuse présente un ego relativement solide, une bonne capacité d'introspection et une forte motivation à se comprendre, une thérapie en profondeur ou thérapie psychanalytique peut être envisagée. Dans une thérapie psychanalytique individuelle, le thérapeute et le client sont face à face et les entrevues ont lieu à des intervalles réguliers. Les ingrédients thérapeutiques sont les mêmes en psychanalyse, mais le client est étendu sur le divan. La thérapie en profondeur peut être brève, c'est-à-dire d'une durée d'environ six mois à un an, et centrée sur un problème particulier (focale), ou elle peut être non focale et à long terme (plus de deux ans). La psychanalyse, elle, est toujours non focale et à long terme. Lorsque la thérapie se déroule à un rythme de deux entrevues ou plus par semaine, la psychothérapie est dite intensive.

À l'intérieur de cette approche, une importance particulière est accordée à l'association libre (le patient dit spontanément tout ce qui lui vient à l'esprit), aux rêves et à tout ce que le patient vit face au thérapeute (réactions transférentielles). L'attitude du thérapeute est celle d'une écoute non directive. Ses interventions ont pour but d'aider la personne à comprendre ses conflits psychiques. Être en psychothérapie nécessite une adaptation, car le thérapeute intervient peu et cette attitude entraîne chez le patient des réactions qu'il faut explorer (p. ex. la colère, la déception).

Ainsi, une jeune femme qui était en psychothérapie pour anxiété généralisée, disait que son anxiété "l'étouffait". Lorsqu'elle se sentait très angoissée, son anxiété l'étouffait littéralement. À deux reprises elle avait dû être conduite en ambulance à l'hôpital, parce qu'elle suffoquait et s'évanouissait. Au cours de ces épisodes, elle avait cru qu'elle était victime d'un infarctus. À chaque fois, on l'avait gardé quelques heures en observation à l'hôpital, et on la renvoyait chez elle avec un diagnostic d'anxiété. Au cours des entrevues, la patiente se sentait régulièrement étouffée. Elle ouvrait alors la porte du bureau, se levait, se rasseyait, respirait très fort; puis elle pleurait et s'affolait à l'idée de s'évanouir à nouveau, d'être conduite à l'hôpital et éventuellement de mourir.

Avec la patiente, il a été possible d'identifier que ce sentiment d'étouffement se présentait principalement vers la fin des entrevues ou peu après que la thérapeute lui ait annoncé qu'elle allait s'absenter. Il était évident que son sentiment d'étouffement était relié à son anxiété de séparation d'avec la thérapeute. Au travers de ses associations libres, de ses rêves et de ses réactions transférentielles, le lien a pu être établi entre ce sentiment d'étouffement et sa colère vis-à-vis de la thérapeute lorsqu'elle sentait que cette dernière la quittait. En d'autres termes, tout départ était vécu comme un abandon, comme un manque d'amour, et la patiente étouffait sa colère, sa tristesse et son désespoir. Son histoire personnelle comportait de nombreux abandons. Sa mère était alcoolique et elle se réfugiait fréquemment dans la boisson. Lorsqu'elle était enfant, la patiente vivait ces épisodes comme des abandons. Cependant, sa mère devenant susceptible et très violente sous l'effet de la boisson, la patiente devait donc refouler sa colère et sa détresse. Si elle irritait sa mère dans ces circonstances, cette dernière la battait et elle l'avait une fois pratiquement étouffée.

Une approche en profondeur a pu dans ce cas relier les symptômes (sensation d'étouffement, évanouissement) aux traumatismes (abandon et violence maternelle) à travers le vécu transférentiel, c'est-à-dire la colère et la détresse ressenties lors des départs de la thérapeute. Ainsi la patiente s'identifiait à sa "mauvaise" mère, puisqu'elle refoulait sa colère à un point tel qu'elle s'étouffait comme on l'avait étouffée. Toute cette dynamique interne continue d'être analysée dans le processus thérapeutique. C'est un travail long et laborieux, mais qui s'avère fructueux.

En définitive, la psychothérapie d'orientation psychanalytique est efficace pour le traitement de l'anxiété généralisée et en particulier dans sa forme intensive et à long terme. Cependant, il faut mentionner à nouveau que cette approche est sélective puisque, pour qu'un individu en bénéficie, il doit présenter les caractéristiques définies présentées plus haut (capacité d'introspection, bon ego, etc.). Ainsi, seulement 20% des gens affectés d'anxiété généralisée peuvent bénéficier de cette approche. Une très forte proportion cependant peuvent bénéficier

de soutien ou de techniques comportementales (voir psychothérapie de comportement).

En conclusion, plusieurs recherches récentes ont
comparé l'utilisation conjointe de la psychothérapie et de
la médication à l'utilisation d'une seule de ces deux méthodes et ont conclu à la supériorité de la combinaison
psychothérapie-médication. Sur le plan pratique, ces travaux impliquent donc que la médication et en particulier
les anxiolytiques ne sont pas incompatibles avec la psychothérapie. Notre pratique clinique nous confirme en
effet que lorsque l'anxiété est débordante, elle occupe
toute la place et la personne est tellement centrée sur ses
symptômes qu'elle n'est pas en mesure de faire un travail
psychologique d'introspection. C'est pourquoi, si initialement, ou en cours de thérapie, les symptômes sont omni-
présents, une médication peut être prescrite. Elle sera
ensuite réévaluée et éventuellement diminuée progressivement au fur et à mesure qu'en cours de thérapie les
symptômes s'atténueront et que l'ego se renforcera.

Psychothérapie du comportement (behaviorale)

Dans l'anxiété généralisée l'anxiété est diffuse, c'est-
à-dire qu'elle est déclenchée par plusieurs stimuli qui em-
pêchent l'anxieux d'identifier ceux qui sont le plus anxiogènes pour lui. Certains de ces stimuli sont externes,
comme des demandes excessives par rapport aux apti-
tudes de l'individu, ou encore de grandes exigences
d'adaptation; cependant dans la plupart des cas, les sti-

muli sont internes. Parmi ces derniers, on peut identifier les facteurs cognitifs tels que des pensées ou des croyances erronées. Ainsi un patient souffrant d'anxiété généralisée avait la conviction qu'il devait plaire à tout le monde et si, par mégarde il déplaisait à quelqu'un, il vivait toutes sortes de réactions importantes comme de la tension, de l'insomnie et divers symptômes physiques. En retour, ces symptômes lui signalaient sa vulnérabilité et augmentaient ainsi son inquiétude et son anxiété.

Le traitement comportemental de l'anxiété généralisée implique donc l'identification des stimuli anxiogènes et un changement de la réponse à ces stimuli par des conditionnements ou des réapprentissages. Il en résulte un nouveau répertoire de pensées et d'attitudes plus adaptées (p. ex. la conviction qu'il est plus important de s'affirmer que de plaire).

Parmi les principales approches comportementales on note: l'approche cognitive, la désensibilisation et les techniques de relaxation. *L'approche cognitive* implique une réévaluation de la manière spontanée de penser les événements et les réponses à ces événements. Ainsi, la façon dont un individu vit ses relations interpersonnelles est réévaluée, et plusieurs thèmes sont mis en relief comme le sentiment de rejet et la conviction qu'il faut plaire à tous. Les stimuli anxiogènes sont identifiés et un réapprentissage s'effectue afin de modifier la réponse mésadaptée.

D'autres approches plus classiques sont aussi utilisées comme *la désensibilisation* sous sa forme imaginaire ou dans le vécu. Dans cette approche, une hiérarchie des situations anxiogènes est d'abord élaborée et ces situations sont classées des moins menaçantes aux plus menaçantes. Par la suite, lors de sessions où l'on imagine ces situations, on procédera d'une manière graduelle en évoquant d'abord les moins anxiogènes. Lorsque ces dernières sont bien maîtrisées, des situations de plus en plus anxiogènes vont être évoquées. Ainsi, un individu peut être amené à penser à une situation où il déplaît à un étranger, à un voisin, à son conjoint, à son patron, etc. Le tout peut aussi se faire dans la réalité et dans ce cas, la personne doit vivre des situations interpersonnelles qui lui sont de plus en plus difficiles, telles que vivre le désaccord d'autrui, l'agressivité, l'hostilité, le rejet. Finalement, les méthodes de contrôle de l'anxiété ont comme objectif d'identifier les réponses anxieuses et de s'y opposer le plus rapidement possible avant qu'elles ne s'intensifient davantage. Parmi ces méthodes, on trouve les techniques de relaxation et d'assertion (apprendre à s'affirmer).

Ce sont les thérapeutes du comportement qui ont mis au point *diverses techniques de relaxation* dont le but commun est d'aider la personne à apprendre à identifier sa tension et à essayer le plus possible de se détendre. Sur le plan scientifique, les techniques de relaxation les plus connues sont la méthode de Jacobson et le training autogène (voir références). Pour sa part, la méthode de Jacobson procède par la relaxation progressive des diverses parties du corps. Par ailleurs, le training autogène se rapproche davantage de la méditation, et la détente de l'esprit se communique au corps.

Une description de ces techniques prendrait ici trop de place. On peut simplement dire que leur apprentissage est simple et qu'il existe sur le marché des cassettes et des disques de relaxation basés sur ces techniques. Lorsqu'elle les a apprises, la personne qui les utilise n'a plus besoin de la cassette ou du disque pour les effectuer. Ces techniques peuvent donc être utilisées plusieurs fois par jour et dans des contextes variés (au travail, en voiture, en voyage, etc.).

Ces méthodes font l'objet d'études systématiques qui prouvent leur efficacité. Cependant, pour être réellement efficaces, elles doivent être utilisées fréquemment, c'est-à-dire environ deux fois par jour et plusieurs jours par semaine. Initialement, il s'agit d'apprendre la technique choisie et de la maîtriser par un exercice soutenu. Par la suite, la relaxation sera utilisée discrètement comme stratégie afin de diminuer la tension. Les personnes anxieuses ont grand intérêt à connaître au moins une technique de relaxation et à la pratiquer régulièrement. Non seulement ces techniques diminuent l'anxiété, mais elles procurent à l'individu le sentiment qu'il peut activement faire quelque chose pour contrôler sa tension. Finalement, il faut préciser que si ces techniques sont valables, elles ne peuvent suffire chez une personne vivant un haut niveau d'anxiété, car elles n'ont pas la puissance requise. Dans ce cas précis, elles doivent se combiner à l'utilisation d'anxiolytiques et à une approche thérapeutique spécialisée ou de soutien selon le cas.

En résumé, l'approche comportementale diffère de l'approche psychanalytique puisqu'elle se centre sur les pensées, les attitudes ou les comportements immédiats.

Ces derniers sont identifiés par différentes méthodes ou techniques qui peuvent être utilisées au cours du traitement. Le choix de la technique ainsi que le moment de son application dépend habituellement des besoins du patient, de la nature des problèmes présentés, des capacités de l'individu et de l'expertise du thérapeute.

C. L'approche pharmacologique

L'approche pharmacologique considère directement les symptômes et vise essentiellement leur résorption. Elle constitue le prototype de l'approche symptomatique. Dans le domaine de l'anxiété, le traitement pharmacologique connaît des développements très importants. Les agents anxiolytiques se sont multipliés et se sont raffinés au cours des dernières années. Les benzodiazépines Lectopam, Ativan, etc. s'avèrent être les agents anxiolytiques les plus efficaces, c'est-à-dire les plus aptes à réduire l'anxiété. Ils ont peu d'effets secondaires et la dépendance est minime, mais ces médicaments doivent toujours être cessés graduellement (c'est-à-dire en quelques semaines) à cause des réactions de sevrage.

Les caractéristiques des benzodiazépines sont telles qu'on les considère comme des agents de choix pour le traitement des anxieux surtout si les symptômes évoluent depuis plus de six mois et qu'ils sont suffisamment sévères pour entraver le fonctionnement quotidien. Cependant, pour le traitement à long terme des patients anxieux, l'utilisation des benzodiazépines est discutable, et une approche individualisée s'impose. En effet, il faut dans ce cas comparer pour chaque personne les avantages et les désavantages de la médication à long terme.

Une bonne proportion de personnes anxieuses peuvent être en thérapie de type spécialisé ou de soutien sans nécessiter de médication. Par ailleurs, un certain nombre d'anxieux doivent simultanément prendre des médicaments et être en thérapie. Au niveau clinique, on observe tout d'abord diverses réactions face à l'éventualité de prendre des médicaments. Fréquemment, la personne rejette dans un premier temps cette suggestion puisqu'elle se dit qu'avec le support qu'elle va recevoir, elle devrait maîtriser son anxiété. Elle exprime également sa crainte de devenir dépendante de ses médicaments ou de devoir les prendre toute sa vie. Comme nous l'avons vu antérieurement, cette peur de la dépendance fait partie intégrante de la psychologie de la personne anxieuse. À cause de ce refus initial, la personne tolère indûment ses symptômes et s'affaiblit physiquement et psychiquement. Souvent, lorsqu'elle est exaspérée, elle continue d'essayer de se traiter elle-même en consommant de l'alcool dont elle augmente la dose rapidement.

Parfois, ces auto-traitements prennent des formes différentes, consommation de drogues ou prise de médicaments divers. Ainsi, une patiente qui s'acharnait à ne prendre aucun anxiolytique avait avoué qu'il lui arrivait fréquemment de prendre environ 6 à 8 aspirines pour s'endormir ou encore des antihistaminiques. Lorsque finalement la personne anxieuse accepte de prendre une médication, on observe souvent que sa consommation est irrégulière, qu'elle a tendance à réduire la dose prescrite ou qu'elle cesse prématurément toute médication. Dans ce cas, on peut alors assister à un phénomène de rebond de l'anxiété, c'est-à-dire à une augmentation effarante des symptômes. Finalement, on peut dire que l'utilisation de benzodiazépines est efficace dans le traitement de l'anxiété à condition toutefois de respecter les points suivants:

1. une bonne évaluation initiale des symptômes;
2. une sélection appropriée de l'agent utilisé (Lectopam, Ativan, etc.);
3. un dosage (nombre de mg par jour) adéquat;
4. une surveillance étroite des effets secondaires (étourdissements, endormissement, etc.) surtout au début du traitement;
5. une consultation régulière au cours du traitement afin de réévaluer l'état du patient;
6. l'obligation pour le patient de suivre strictement les indications de son médecin relativement au dosage de sa médication;
7. l'obligation pour le patient de prendre régulièrement sa médication et ne jamais la cesser brusquement;
8. la nécessité d'un sevrage progressif selon les indications du médecin afin de réduire au minimum les effets rebonds. (Ce sevrage tiendra compte de l'agent utilisé et de la sévérité de l'anxiété.).

Pour résumer, les personnes anxieuses ont souvent avantage à prendre des agents anxiolytiques adéquats, du moins temporairement. Elles doivent être aidées sur ce point. La médication ne résout pas tout, elle doit servir de tremplin à une démarche psychologique de l'individu vers un mieux-être personnel.

CONCLUSION

Lorsqu'un patient demande un traitement pour anxiété sévère, il souffre beaucoup et veut guérir rapidement. Il est le plus souvent réticent lorsqu'on lui propose de prendre une médication et d'entrer dans un processus thérapeutique. Cependant, lorsque cette première réticence est surmontée, il a tendance à attribuer à son médecin ou à son psychothérapeute un pouvoir magique de le guérir. Par la suite, la déception s'installe progressivement, et la personne s'interroge alors sur ses chances de guérison.

Ainsi qu'on l'a souvent mentionné dans ce chapitre, l'anxiété a tendance à devenir chronique. On ne doit donc pas attendre d'un traitement, quel qu'il soit, qu'il résolve de façon définitive le problème d'anxiété de l'individu. Il n'existe malheureusement pas de traitement miracle pour l'anxiété. Sur le plan scientifique, on a prouvé l'efficacité de plusieurs méthodes thérapeutiques mentionnées dans ce chapitre, surtout lorsqu'elles sont utilisées en alternance ou conjointement. Bien qu'efficaces ces traitements ne sauraient cependant résoudre tous les problèmes. Ils contribuent néanmoins largement à diminuer les symptômes et à améliorer le fonctionnement de l'individu.

Un combat contre l'anxiété est souvent un combat qui dure toute une vie. Une personne souffrant d'anxiété sévère peut de façon réaliste souhaiter en arriver à vivre des périodes sereines, mais doit tenir compte de rechutes possibles. Un traitement réussi est sûrement celui qui laisse à la personne anxieuse le sentiment qu'elle peut en assumant sa condition et en développant une attitude positive, améliorer sa qualité de vie et, grâce à un travail d'introspection, désamorcer certaines causes psychiques de son anxiété. En dépit de la possibilité de rechute ou de la persistance de certains symptômes, il est souhaitable que la personne acquiert la certitude qu'elle peut vivre avec son anxiété et la conviction que son entourage essaie de la comprendre et de l'aider.

CHAPITRE V

Les états de panique

Dans le langage courant, le terme "panique" est fréquemment utilisé. On parle "d'une crainte de paniquer" ou de l'impression "d'avoir paniqué", etc. Cependant le plus souvent, il ne s'agit pas de ce qu'on entend en psychiatrie par le concept de panique ou d'attaque de panique. En effet, de façon générale, les attaques de panique sont des épisodes bien circonscrits et foudroyants comme les convulsions dans l'épilepsie. Elles sont répétitives et font partie intégrante d'une condition psychiatrique.

Les personnes qui en sont victimes ressentent de la honte et de l'humiliation car leurs attaques sont synonymes de pertes de contrôle. Elles ont la conviction d'être seules à vivre leurs paniques et sont persuadées que personne ne peut vraiment comprendre ce qui leur arrive. C'est pourquoi elles ont tendance à se replier sur elles-mêmes, à cacher leur peur constante d'une autre attaque et à se dérober des regards si une attaque survient. Pour ces raisons, il est fréquent que leur entourage (parents, frères, soeurs, compagnons de travail), ignore leur souffrance. Dans le but de les aider, il est important de pénétrer dans leur univers et de décrire leur vécu. Le présent chapitre se situe dans ce contexte. Il a pour buts:

1. de présenter ce que sont les états de panique;
2. de relever leur fréquence dans la population;
3. de mentionner les hypothèses explicatives (étiologie);
4. de donner un aperçu de leur avenir (pronostic);
5. d'exposer différentes formes de traitement.

En dernière partie, nous tenterons de circonscrire l'agoraphobie ou phobie des endroits publics, lorsqu'elle se présente avec des attaques de panique.

DESCRIPTION

Les états de panique sont une condition psychiatrique qui constituent avec l'anxiété généralisée dont nous avons parlé dans le chapitre précédent, les deux subdivisions de l'ancien concept de "névrose d'angoisse". Ils sont depuis longtemps reconnus en psychiatrie mais ils ont été rarement commentés et décrits.

Les états de panique se caractérisent par des crises de panique récurrentes c'est-à-dire répétées, sur un fond d'anxiété vague et pathologique comme dans l'anxiété généralisée. En d'autres termes, l'individu qui en est atteint vit constamment une anxiété flottante ou vague, mais de temps à autre il est victime d'une attaque de panique. Les paniques sont des épisodes pathologiques bien circonscrits comme les convulsions dans l'épilepsie. Elles peuvent être provoquées par des situations précises. Ainsi tel étudiant en médecine paniquait uniquement lorsqu'il se trouvait en salle d'opération. Elles peuvent être également de type anticipatoire, c'est-à-dire que le simple fait d'imaginer la situation anxiogène induit une angoisse extrême. Une jeune patiente paniquait juste à l'idée de se retrouver seule dans un centre commercial.

Par ailleurs, les attaques sont le plus souvent spontanées, c'est-à-dire qu'elles peuvent survenir jour et nuit et dans n'importe quel contexte. Dans ce cas on ne peut donc pas identifier de facteur de déclenchement ou de cause précise. Elles se présentent de plus sans qu'on puisse entrevoir de signes précurseurs. En d'autres termes, elles surviennent sans avertir, sans que l'individu puisse sentir l'imminence de l'attaque. Lorsqu'elles surviennent, les attaques ont un caractère foudroyant et complètement paralysant. En d'autres termes, la personne ne peut plus bouger ou parler. Elle est emprisonnée et terrifiée. La durée de l'attaque est variable, mais le plus souvent elle se situe entre quinze et trente minutes. Typiquement, les épisodes de panique comportent trois phases:

1. Un début brutal où l'angoisse augmente de façon effarante (le sommet est habituellement atteint en 10 minutes);

2. Un état de panique total au cours duquel tout fonctionnement est impossible;
3. Une phase de résolution à l'intérieur de laquelle l'individu reprend progressivement la maîtrise de lui-même. Au cours de cette dernière phase, la personne se sent épuisée, elle éprouve de la difficulté à rassembler ses idées.

Pendant l'attaque, c'est la peur qui constitue le symptôme psychique prédominant: la personne est littéralement terrifiée. Souvent elle a l'impression qu'elle va mourir ou devenir folle. Plusieurs symptômes physiques sont présents: palpitations (200 à 300 battements par minute), difficultés respiratoires avec sensation d'étouffement ou d'étranglement, étourdissements, sensation d'irréalité (sensation d'être détaché de son corps, impression que le monde est différent, etc.), bouffées de chaleur, frissons, transpiration, impression d'évanouissement et tremblements. Évidemment, une même personne ne présente pas tous ces symptômes à la fois. Il est important également de mentionner qu'une seule attaque de panique n'est pas significative. Pour poser un diagnostic psychiatrique d'état de panique, on attendra au moins que la personne ait subi trois attaques sur une période d'environ trois semaines.

Il faut de plus préciser que ces crises d'angoisse aiguës surviennent dans plusieurs conditions médicales et psychiatriques. En psychiatrie, on peut les retrouver parfois chez les patients déprimés, obsessionnels ou schizophrènes; cependant elles ne sont pas aussi répétitives. D'autre part, diverses maladies physiques peuvent induire des paniques: l'épilepsie de nature focale, l'hypoglycémie, le vertige vrai et l'hyperventilation. La présence de ces maladies doit donc être éliminée avant de porter un diagnostic psychiatrique d'état de panique. Par ailleurs, on ne devra pas considérer comme pathologiques des paniques survenant lors d'une activité physique importante ni dans les situations où la vie des gens est menacée. Ainsi, les passagers d'un avion qui paniquent lors d'un atterrissage d'urgence ont une réaction normale.

Les patients qui souffent de paniques décrivent souvent leur première attaque de façon très claire. Ils se rappellent les détails de ce qu'ils faisaient ce jour-là et de ce qui est arrivé par la suite. Typiquement, la première attaque survient lorsque la personne vit une situation banale: elle peut être en train de travailler ou en train de conduire sa voiture. Elle se sent tout à coup submergée par des sentiments d'appréhension, de peur, et l'intuition d'une catastrophe imminente. L'angoisse augmente rapidement, les symptômes physiques se font oppressants (palpitations, sensation d'étouffement, etc.) et la personne se sent paralysée. Elle veut fuir immédiatement la situation quelle qu'elle soit pour chercher de l'aide, mais elle est incapable de le faire.

Le plus souvent, lorsque la personne arrive aux services de l'urgence de l'hôpital, la panique a disparu. Elle veut convaincre le personnel soignant que l'attaque est un problème médical aigu, mais l'examen médical ne révèle généralement aucun symptôme physique. Même les palpitations, lorsqu'elles étaient présentes, ont souvent disparu. Le patient est encore appeuré, mais son état physique est bon. Il peut se sentir rassuré de n'avoir aucune pathologie médicale, mais il se demande avec beaucoup d'angoisse ce qui a pu lui arriver.

Bien que les attaques soient sans facteur déclenchant, on peut citer de nombreuses situations où elles apparaissent pour la première fois:

1. quand l'individu est atteint d'une maladie importante (p. ex. un problème thyroïdien);
2. au cours du post-partum;
3. lors de la consommation abusive de substances toxiques (notamment la cocaïne et les amphétamines).

Cependant, rappellons que les attaques de panique peuvent survenir en dehors de toutes ces situations.

Après la première attaque, l'incident perd de son impact et l'anxiété revient à un niveau normal. Cependant, quelques jours ou quelques semaines plus tard, une deuxième attaque survient. Cette attaque a le même caractère que la première et les symptômes présentés ont tendance à être les mêmes (p. ex. palpitations, suffocations, etc.). La personne se retrouve de nouveau aux services des urgences ou chez le médecin. À ce stade, il est important que le patient subisse un examen complet et même, si le médecin le juge nécessaire un électroencéphalogramme, un électrocardiogramme, etc.

À cette étape-ci, les patients demeurent sceptiques quant au caractère psychique de leurs paniques. Le plus souvent, ils ne peuvent attribuer aucune cause psychologique à leurs attaques et leurs paniques sont vécues à un niveau physique. Dans son scepticisme, il est fréquent que la personne se replie sur elle-même et refuse d'aller chercher à nouveau de l'aide. Les attaques vont alors se multiplier et l'individu essaiera souvent de se traiter lui-même consommant exagérément de l'alcool, des médicaments ou des drogues. Fréquemment, il en résultera une aggravation des symptômes.

Au cours des attaques de panique répétées l'individu devient extrêmement conditionné: la panique engendre la peur d'avoir peur. D'une part la personne peut chercher à éviter les situations où elle a paniqué et manifester ainsi des phobies (p. ex. la phobie d'être seule). D'autre part, ces paniques peuvent générer un sentiment global de crainte, c'est l'anxiété flottante comme telle. La personne vit constamment la menace d'une panique éventuelle, elle craint que les attaques deviennent plus graves et la conduisent vers la psychose et vers la folie. Cette forme d'anticipation a de nombreux traits communs avec l'anxiété généralisée: tension motrice permanente, crainte des situations nouvelles, difficultés d'endormissement. À ce niveau il est donc important de bien distinguer les états de panique de l'anxiété généralisée. Pour ce faire, nous avons résumé dans le tableau IX les caractéristiques de ces deux conditions, puis nous ajoutons celles de l'agoraphobie avec attaques de panique que nous décrivons plus loin dans ce chapitre.

1. L'anxiété est présente dans l'anxiété généralisée et dans les états de panique. Toutefois, si la personne anxieuse vit des bouffées d'anxiété, ces bouffées ne sont pas aussi intenses ni paralysantes que les attaques de panique. Par ailleurs, le fonctionnement psychologique des patients souffrant d'anxiété généralisée est assez raffiné.

Tableau IX

COMPARAISON ENTRE L'ANXIÉTÉ GÉNÉRALISÉE, LES ÉTATS DE PANIQUE ET L'AGORAPHOBIE AVEC ATTAQUES DE PANIQUE

Anxiété généralisée	États de panique	Agoraphobie avec attaques de panique
• Survient dans la vingtaine	• Survient vers la fin de la vingtaine	• Survient à l'adolescence ou tôt dans la vingtaine
• Incidence: 2,5 - 3 % de la population générale	• 2 %	• 1,2 %
• 1 femme : 1 homme	• 3,5 femmes : 1 homme	• 3 femmes : 1 homme
• 15 % des sujets sont dys-fonctionnels	• 50 % des sujets sont dys-fonctionnels	• 70 % des sujets sont dys-fonctionnels
• Anxiété diffuse, flottante	• Paniques spontanées et récurrentes sur un fond d'anxiété diffuse	• Phobie des endroits publics, évitement massif, attaques de panique spontanées

- Traitement: Combinaison d'anxiolytiques (benzodiazépines) et de psychothérapie de soutien. Traitement à long terme

- Pronostic: Réservé en raison de la tendance à la chronicité

- Traitement: Combinaison de benzodiazépines puissantes (protocole de Klein) et de thérapie de soutien. Traitement d'une durée de moins d'un an

- Tendance à la chronicité

- Traitement: Protocole de Klein, désensibilisation, thérapie de soutien. Traitement d'une durée de moins d'un an

- Tendance à la chronicité

Ce sont des gens capables d'introspection, d'auto-critique et de réflexions profondes. L'anxiété provoque des symptômes, mais le plus souvent, n'empêche pas le fonctionnement général. Par contre, chez les gens souffrant de paniques spontanées, on observe un fonctionnement psychologique plus précaire, un ego plus faible. On note également dans leur histoire personnelle la présence de certains symptômes au cours de l'enfance et de l'adolescence (p. ex. anxiété de séparation). Lors des phases aiguës, c'est-à-dire des phases où il y a attaques, l'atteinte fonctionnelle est sévère et entre ces attaques, on note de fréquentes difficultés de fonctionnement (p. ex. absentéisme au travail, rendement faible, etc.).

2. L'évolution de ces deux maladies est nettement différente. Dans l'anxiété généralisée, c'est l'anxiété flottante et diffuse qui prédomine. La personne est plus vulnérable: les contrariétés de la vie quotidienne et les agents de stress (p. ex. la maladie d'un enfant ou des difficultés dans le travail) augmentent considérablement l'anxiété telle que mesurée à l'échelle de Hamilton (chapitre VII, tableaux XII et XIII). Par contre, dans les attaques de panique, l'évolution de la maladie se caractérise par des attaques subites ou paniques spontanées. Entre les attaques de panique la personne réussit à fonctionner, mais elle demeure particulièrement vulnérable à l'anxiété et à la dépression et sujette à la crainte constante d'une autre attaque.

3. Ces deux conditions psychiatriques diffèrent également sur le plan des approches thérapeutiques pouvant être utilisées. En ce qui concerne l'anxiété généralisée, le traitement de choix est la psychothérapie à long ter-

me, combinée parfois à l'utilisation des benzodiazépines (agents anxiolytiques). Chez les gens souffrant de paniques récurrentes, le traitement optimal consiste comme nous le verrons, à bloquer les paniques grâce à l'utilisation de certains médicaments et par la suite à recommander éventuellement un traitement psychothérapeutique en fonction des caractéristiques des patients et des services à leur disposition.

FRÉQUENCE

Les états de panique affectent 1% de la population générale. Chez ces personnes, le phénomène d'évitement est rare ou absent. D'autre part, la prévalence des agoraphobes avec paniques (chez qui l'évitement est important) serait d'environ 2%. Si on additionne ces données, on obtient une prévalence totale de plus de 3% de personnes qui souffrent d'attaques de panique dans la population générale. Il est à noter que cette maladie est trois fois plus fréquente chez la femme. Il semble qu'une bonne proportion des victimes essaient de se traiter elles-mêmes ou ne reçoivent pas de soins appropriés.

Les états de panique apparaissent généralement chez le jeune adulte: l'âge moyen de la première attaque se situerait vers 26 ans. Il faut également mentionner que ce désordre psychiatrique présente une incidence familiale particulièrement élevée. Des études récentes rapportent que 17 à 25% des parents de premier degré de la personne atteinte (parents, fratrie, enfants) souffrent également de ce syndrome.

ÉTIOLOGIE (CAUSES)

Au cours des dernières années, on a pu mettre en évidence la contribution de plusieurs facteurs déterminant les états de panique: les facteurs de l'environnement, les facteurs psychologiques et les facteurs biologiques auxquels sont étroitement associés les facteurs génétiques. C'est l'hypothèse multifactorielle illustrée dans le tableau X.

Comme on peut le voir dans ce tableau, l'environnement intervient peu dans les états de panique. Nous décrirons donc ici les facteurs psychologiques, puis pour fin de compréhension, nous présenterons séparément les facteurs génétiques et biologiques.

A. Les facteurs psychologiques

Au début du siècle, Freud présentait dans "Les études sur l'hystérie", le cas de Katharina, un cas classique d'état de panique. Katharina, jeune fille de 18 ans, avait été abusée sexuellement par un oncle à l'âge de 14 ans. Peu avant sa première attaque, sa tante avec qui elle vivait avait divorcé de cet homme en raison de son infidéli-

Tableau X

LA CONTRIBUTION DES FACTEURS ÉTIOLOGIQUES DANS LES ÉTATS DE PANIQUE

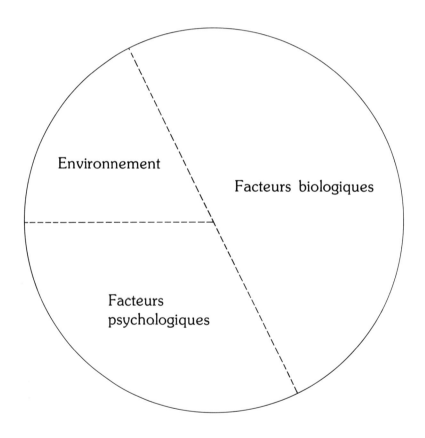

té. Katharina se sentait responsable de leur désaccord conjugal et de leur rupture. Selon Freud, ses attaques de panique constituaient un signal pour refouler les traumatismes passés. Ainsi, tout comme dans l'anxiété, les attaques de panique inciteraient le Moi à refouler dans l'inconscient des contenus pénibles ou conflictuels.

D'un autre côté, la théorie comportementale (behaviorale) suggère que l'angoisse est conditionnée par la peur de certains stimuli de l'environnement. Ainsi, dans l'agoraphobie avec attaque de panique, c'est l'attaque de panique elle-même qui engendre l'évitement. Dans ce cas, la peur de l'attaque incite la personne à rester chez-elle et à éviter de circuler seule. Tant que les attaques surviennent, la personne évite d'être seule et son agoraphobie est incontrôlable: c'est "la peur d'avoir peur". Si les attaques cessent, il devient alors possible pour la personne de surmonter cette crainte anticipée et d'affronter les situations anxiogènes (p. ex. être seule ou marcher dans la rue). Selon cette théorie, les attaques de panique relèvent donc d'un conditionnement et induisent un conditionnement. Il s'agit d'une réaction en chaîne qui se perpétue et dont le mécanisme doit être désamorcé au moyen de diverses techniques de déconditionnement, que nous verrons un peu plus loin dans ce chapitre.

B. Les facteurs génétiques

Ainsi qu'il a été mentionné antérieurement, des études rapportent que 17 à 25% des parents au premier de gré de la personne atteinte souffrent également d'états de panique. Parmi les parents de premier degré, les femmes ont deux fois plus de risques d'être atteintes que les parents de premier degré masculins. Aucun autre désordre psychiatrique ne présente une incidence familiale aussi élevée. On note également que les états anxieux avec panique sont cinq fois plus fréquents chez les jumeaux identiques que chez les jumeaux non identiques, ce qui corrobore l'aspect génétique de ce syndrome.

En raison de cet aspect génétique, il est habituel en pratique d'entendre un patient victime de panique raconter les attaques de sa mère ou d'une soeur par exemple. Dans ce cas, une identification très forte s'installe. Ainsi, une patiente souffrant d'agoraphobie avec panique se souvenait que dans son enfance sa mère la réveillait parfois le soir et lui demandait de l'accompagner pour aller chercher son père qui travaillait dans un entrepôt derrière la maison. Elle racontait qu'elle suivait alors sa mère dans le noir en lui tenant sa robe. Elle sentait sa mère trembler et suffoquer. Lors de ses attaques, la patiente présentait les mêmes symptômes. Tout comme sa mère, elle était incapable d'être seule, la présence de son mari lui était constamment nécessaire.

Plus récemment, le lien entre les états de panique et la dépression a été étudié. Les études de familles de personnes présentant des états de panique indiquent qu'il y aurait un chevauchement des deux affections. Ainsi, si on étudie les parents proches des patients souffrant d'état de panique, on trouve des personnes avec paniques récurrentes et des personnes souffrant de dépression de type endogène. Ceci contredit certaines recherches antérieures qui suggéraient que les états de panique et les désordres affectifs étaient des entités distinctes ayant leur génétique spécifique. Les données familiales concernant la dépression sont encore assez imprécises et devront être étudiées davantage. Il est cependant possible que plusieurs chaînes génétiques soient en cause (théorie polygénique).

C. Les facteurs biologiques

Depuis plusieurs années, les états de panique sont étudiés sur le plan biologique et les découvertes récentes indiquent clairement le rôle du cerveau dans ce syndrome. En effet, dès la fin des années 1960, on a prouvé que la perfusion au lactate induisait une crise de panique chez les sujets; l'ensemble des expériences a été repris par plusieurs groupes de chercheurs à la fin des années 1970 avec les mêmes résultats. De plus, il est possible d'induire l'attaque de panique chez les personnes souffrant de paniques récurrentes en leur faisant inhaler de l'air contenant plus de 5% d'anhydride carbonique (CO_2). Ainsi, la perfusion au lactate et l'inhalation de gaz carbonique sont des agents panicogènes spécifiques qui mettent en relief un seuil biologique anormalement bas. Par ailleurs, il existe certains agents panicogènes non spécifiques, c'est-à-dire pouvant induire un état de panique chez le déprimé, chez le sujet normal ou tout autre groupe diagnostic. Ce sont par exemple la clonidine ou les substances antagonistes des récepteurs benzodiazépiniques.

Ce seuil anormalement bas a été en partie expliqué par d'autres découvertes neurologiques. Tout d'abord, la tomographie à positrons qui permet une meilleure connaissance de la physiologie du cerveau a mis en évidence une asymétrie chez certains sujets souffrant de paniques récurrentes. Il s'agit d'une hyper-perfusion de la région para-hippocampique droite avec augmentation du métabolisme, phénomène mis en évidence entre les attaques de panique. Ainsi, l'hippocampe serait surstimulé. Ceci a été confirmé par des études électrophysiologiques, où la stimulation électrique de cette région du cerveau provoque un état de panique.

Nous avons nous-même montré avec l'électroencéphalogramme de base qu'il y a une augmentation des zones de type épileptique chez des sujets souffrant d'état de panique. En fait, presque 30 % d'entre eux présenteraient ce type d'ondes, ce qui est environ dix fois plus élevé que ce que l'on trouve dans la population normale. La plupart des anomalies se présentent au-dessus de l'aire temporale et sont activées par l'hyperventilation. Ainsi, deux techniques différentes nous permettent de mettre en évidence des anomalies centrencéphaliques qui devront être précisées ultérieurement à l'aide d'autres recherches.

Il existe plusieurs autres théories biologiques permettant d'expliquer les états de panique. Nous avons déjà considéré la théorie noradrénergique mettant en cause le locus coeruleus ainsi que la théorie des récepteurs benzodiazépiniques dans le chapitre sur l'anxiété généralisée. S'agirait-il d'une lésion focale au cerveau, ce qui impliquerait que l'attaque de panique est un équivalent épileptique? Est-ce que ce foyer pathologique serait surtout de nature physiologique donc mettant en cause la conduction nerveuse, ou bien le processus serait-il davantage biochimique comme suggère la théorie noradrénergique? L'état actuel des recherches ne nous permet pas de répondre de façon précise à ces interrogations. Néanmoins, il est évident que le traitement pharmacologique est très important dans les cas de panique. Par conséquent, la psychothérapie prend alors moins d'importance. Cependant, il est possible que les complications qui se greffent au cours de l'évolution de la maladie puissent être mieux traitées par la psychothérapie. Nous pensons ici à l'évitement phobique, aux complications familiales, aux abus de drogues et d'alcool, etc.

PRONOSTIC

Dans la plupart des cas, les états de panique ont tendance à devenir chroniques. En d'autres termes, les personnes qui en sont victimes demeurent sujettes à des attaques et 50% d'entre elles seraient très affectées dans leur fonctionnement quotidien. Ainsi, en clinique spécialisée on observe que la plupart des patients perdent leur emploi dans les six premiers mois de la maladie (s'ils ne sont pas déjà en congé de maladie). Il s'agit donc d'une condition maligne, plus grave que l'anxiété généralisée. De plus, de nombreuses complications médicales y sont associées:

1. 25% de ces patients souffrent d'ulcère d'estomac ou d'hypertension.
2. 40% présentent un syndrome de faible pression artérielle.

3. 44% souffrent d'une dépression secondaire avec haut taux de suicide.

4. Il existe chez les sujets une forte tendance à abuser des médicaments (stimulants, tranquilisants, neuroleptiques) et d'alcool.

5. Le taux de mortalité prématurée (avant 40 ans) due aux suicides et aux maladies cardio-vasculaires est très élevé.

À ces complications médicales, s'ajoutent des complications sociales importantes:

1. Absentéisme au travail;
2. Fréquentes visites chez un médecin pour examens médicaux onéreux;
3. Irritabilité dans les relations interpersonnelles et évitement des situations sociales;
4. Vie conjugale perturbée;
5. Perte fréquente d'emploi.

TRAITEMENT

A. Le traitement pharmacologique

Dans le traitement des états de panique, la première étape consiste à bloquer les paniques. Dans cette perspective, le traitement pharmacologique est souvent au premier plan. Au cours des dernières décennies, c'est le protocole de Klein qui a été le plus utilisé. Plusieurs études ont permis de vérifier son efficacité. Dans ce traitement, un agent antidépresseur (l'Imipramine) est prescrit trois fois par jour et au coucher. La dose est augmentée progressivement pour atteindre en moyenne 200 mg par jour. La durée du traitement est d'environ six à huit mois. Pendant cette période le patient est amené à s'exposer progressivement aux situations provoquant ses paniques, à se désensibiliser d'abord en les évoquant puis en les vivant. Ainsi une personne peut être amenée à s'imaginer clairement qu'elle est seule dans la rue. Par la suite, on peut lui demander de marcher une certaine distance sans être accompagnée. Finalement, on lui demandera d'augmenter cette distance quotidiennement. Le protocole de Klein a été critiqué en raison des effets secondaires (p. ex. agitation) présentés par 20 à 30 % des patients. Afin de trouver d'autres solutions, on procède actuellement à des études avec de nouveaux agents antipaniques tels que l'Alprazolam et le Clonazépam. Jusqu'à présent, les résultats obtenus sont bons et les recherches se poursuivent.

De façon générale, on observe dans la pratique clinique que les personnes victimes de paniques hésitent moins à prendre des médicaments que les patients qui souffrent d'anxiété généralisée. Leurs attaques sont douloureuses et la menace d'une autre crise est toujours présente. Ces sujets ont tendance à percevoir la médication comme étant un abri certain contre leurs attaques. Effectivement, une médication efficace annule les attaques ou du moins atténue considérablement leur intensité, ce qui encourage les patients à poursuivre leur traitement.

Simultanément, les comportements d'évitement diminuent, la confiance en soi augmente et l'estime de soi s'améliore. La personne est alors plus apte à faire une démarche valable sur le plan psychologique. En effet, étant moins envahie par ses symptômes, elle est davantage en contact avec elle-même et il lui est plus facile de mobiliser ses défenses et de reprendre la maîtrise de ses capacités. Ultérieurement, grâce au travail psychologique qui s'est effectué et avec le soutien nécessaire, la médication peut être progressivement diminuée puis éventuellement cessée.

En résumé, pour que la médication soit efficace dans le traitement des états de panique, certaines conditions doivent être respectées. Ces conditions sont sensiblement les mêmes que pour toute condition psychiatrique:

1. Un bon diagnostic initial doit être établi et s'accompagner d'une évaluation médicale appropriée.
2. L'agent utilisé (Imipramine, Alprazolam, Clonazépam) doit être bien sélectionné et le dosage doit être adéquat.
3. Les effets secondaires (p. ex. l'agitation) doivent être évalués et surveillés.
4. Au cours de l'utilisation, le patient doit être vu régulièrement par son médecin afin de réévaluer son état.
5. L'arrêt de la médication (sevrage) doit être progressif et s'effectuer sous contrôle médical.

B. Le traitement psychologique

Les personnes qui souffrent d'attaques de panique connaissent une souffrance psychique intense et elles ont besoin d'un soutien psychologique. La plupart d'entre-elles en bénéficient que ce soit de la part de leur médecin de famille ou d'un psychothérapeute. Dans la majorité des cas, le traitement psychologique consiste en une psychothérapie de soutien qui se combine à l'approche pharmacologique. Il semble que seulement environ le tiers des personnes souffrant d'état de panique seraient capables de recevoir une forme de psychothérapie structurée. Cette capacité dépend du patient, de sa coopération, de sa motivation à se comprendre et à changer, de sa capacité d'auto-observation, bref, de son raffinement sur le plan psychologique. Deux types de psychothérapie peuvent être utilisées:

L'approche comportementale vise principalement à modifier les comportements par l'intermédiaire de diverses méthodes telles que les techniques de relaxation (décrites au chapitre de l'anxiété généralisée) et la désensibilisation progressive à la situation anxiogène.

Dans le cadre de la désensibilisation, le patient est progressivement placé dans la situation qu'il évitait auparavant. Cette technique est essentielle pour le déconditionnement, et son absence explique souvent les rechutes après le traitement. Ainsi, une personne qui vit des paniques lorsqu'elle est seule, doit d'abord être capable d'imaginer des situations où elle est seule, et ultérieurement vivre des périodes de solitude de plus en plus prolongées.

L'approche psychanalytique a pour but de mettre à jour des éléments inconscients. Il s'agit d'une approche en profondeur qui vise à analyser les conflits psychiques. Cette approche a été décrite dans le chapitre de l'anxiété généralisée (chapitre IV).

Avec les patients souffrant de désordre de panique, la psychothérapie doit être établie sur une base à long terme: période minimale de quatre mois pour l'approche comportementale et de six mois pour l'approche psychanalytique. Ces approches sont sélectives quant à leurs critères d'admissibilité et leurs résultats sont limités. Plusieurs cas de rechute se présentent après le traitement. Tout comme dans l'anxiété généralisée, la combinaison psychothérapie spécialisée ou de soutien et médication semble optimale en terme d'efficacité.

Les personnes souffrant de panique ont un bon potentiel intellectuel et affectif. Une thérapeutique adéquate est essentielle pour prévenir l'apparition de complications multiples qui se greffent à long terme sur l'évolution de la maladie et qui provoquent des difficultés de fontionnement très importantes altérant la qualité de la vie. Le traitement optimal comporte donc deux volets:

1. Le traitement pharmacologique où l'on bloque les paniques pendant six à huit mois;
2. une psychothérapie spécialisée ou de soutien.

Il est important à ce niveau d'insister pour que ces patients affrontent les situations qu'ils évitaient (désensibilisation).

Un traitement adéquat est efficace dans la majorité des cas pour bloquer les paniques et améliorer le fonctionnement de la personne mais en raison du caractère chronique de ce syndrome, on peut s'attendre à des rechutes. Nous citerons ici le cas d'une patiente suivie en thérapie psychanalytique pendant deux ans et qui simultanément recevait de l'Imipramine (protocole de Klein). Au terme de sa thérapie, la patiente ne présentait plus aucun symptôme de panique. La médication a donc pu être progressivement cessée. Cependant, trois ans plus tard, la patiente a subi de nouvelles attaques. Elle a dû alors reprendre sa médication pendant six mois et être revue à quelques reprises par son psychothérapeute. Cette première rechute a eu lieu il y a maintenant cinq ans et depuis, les attaques sont maîtrisées sans que la patiente ait à prendre des médicaments. Cette personne est consciente de sa vulnérabilité et de l'éventualité d'autres attaques, mais elle sait que si cela se présente, elle pourra à nouveau recevoir toute l'aide nécessaire.

L'AGORAPHOBIE AVEC ATTAQUES DE PANIQUE

L'agoraphobie, que l'on peut définir comme la peur d'être seul dans les endroits publics (magasins, transports publics, cinéma, etc.), se caractérise par un évitement total de ces situations. Il existe divers types d'agoraphobie. Nous parlons ici du type d'agoraphobie causée par des paniques récurrentes. Initialement, chez les personnes atteintes, les premières attaques de panique se produisent spontanément, sans facteur déclenchant. Ces sujets sont donc victimes de paniques spontanées mais, étant donné qu'elles surviennent dans des contextes où ils sont seuls dans des endroits publics, ces situations se trouvent associées aux attaques et par le fait même évitées. Par conséquent, l'agoraphobie est secondaire aux états de panique. Les comportements d'évitement se multiplient, s'amplifient et remplacent les paniques. En d'autres termes, la personne est fortement conditionnée, elle demeure agoraphobe même après l'arrêt des paniques.

Ainsi, une patiente ayant vécu sa première panique lorsqu'elle se trouvait dans un centre commercial, évitait ensuite complètement les magasins; elle en vint progressivement à éviter tous les endroits publics (cinémas, églises, théâtres, etc.). Elle pouvait à la rigueur fréquenter ces endroits mais à la condition d'être accompagnée. À un stade plus avancé de la maladie, elle était incapable de rester seule chez elle. Lorsqu'elle commença sa thérapie, elle se rendait à ses séances accompagnée de sa mère ou de son chat.

Une personne peut être tellement convaincue que le fait de quitter sa maison pourra déclencher une attaque, qu'elle reste chez elle de façon quasi permanente. Nous avons vu en consultation des patients qui se sont confinés à leur domicile pendant plus de dix ans.

L'agoraphobie avec attaques de panique a une prévalence de 1,2% par rapport à 2,3% pour toutes les autres phobies. Elle est beaucoup plus fréquente chez les femmes que chez les hommes (3 femmes pour 1 homme). Elle débute le plus souvent au cours de l'adolescence ou au début de l'âge adulte. Comme les états de panique, cette condition présente une incidence familiale élevée. Les enfants dont les mères sont agoraphobes sont sujets à des troubles émotionnels et à des problèmes de développement tels que l'anxiété de séparation et la phobie scolaire.

En conclusion, on peut dire que l'agoraphobie avec attaques de panique constitue une des complications importantes des états de panique. Nous en résumons les caractéristiques dans le tableau IX. Les données concernant l'étiologie, le pronostic et les formes de traitement utilisées sont sensiblement les mêmes que dans les états de panique. Les études américaines tendraient à établir différents stades d'évolution de la maladie: tout d'abord des paniques récurrentes, puis des comportements d'évitement, des complications sociales et finalement une agoraphobie de plus en plus structurée. La personne qui en est victime tente à tout prix de dissimuler son état. Pendant des années, elle évite les situations anxiogènes et son univers se limite de plus en plus.

Sur le plan familial, les membres de la famille se trouvent inévitablement engagés dans le problème du patient puisque la personne éprouve constamment le besoin d'être accompagné ou le besoin d'éviter des situations quotidiennes. Il s'agit donc d'une condition psychiatrique particulièrement contraignante et douloureuse pour l'individu et pour son entourage. Il est par conséquent important d'encourager l'entourage du patient, de l'aider à comprendre cette maladie psychiatrique et de le diriger dans ses efforts pour venir en aide au patient agoraphobe. Il n'existe pas de formule magique pour aider un proche en proie à des attaques de panique. Tout comme dans les autres conditions d'anxiété, la personne a besoin

d'être écoutée et soutenue. Elle a besoin d'être encoura-
gée à consulter un professionnel de la santé et à poursuivre ses traitements. Plus que tout, elle a besoin de sentir
qu'on veut l'aider, et qu'on la considère comme une personne à part entière.

CHAPITRE VI

Évaluation de l'anxiété

AUTO-ÉVALUATION DE L'ANXIÉTÉ

Lorsqu'un individu vit une anxiété importante, il se demande jusqu'à quel point il est "normal" ou "anormal", s'il doit ou non consulter un professionnel de la santé et quelle est la nature de ses difficultés. Dans cette perspective, il serait souhaitable que la personne anxieuse puisse s'auto-évaluer et ce, au fil des semaines et des mois.

Pour ce faire, nous disposons de quelques questionnaires qui s'avèrent pertinents, utiles et faciles à employer. Nous présentons un de ces questionnaires d'auto-évaluation dans le tableau XI. Pour répondre à celui-ci, la personne doit se référer à son vécu des 7 derniers jours. Elle doit répondre de façon spontanée à chacune des 30 questions.

L'interprétation de ce questionnaire est plutôt qualitative que quantitative. En d'autres termes, la personne qui s'auto-évalue peut estimer l'intensité de son anxiété (faible, modérée, sévère). Si son anxiété est sévère, elle peut identifier la nature de son anxiété en termes diagnostiques (anxiété généralisée, panique, syndrome anxio-dépressif, etc.).

Les 20 premières questions font référence à des *symptômes d'anxiété*, tandis que les 10 dernières réfèrent plutôt à des *symptômes de dépression*. Pour interpréter le questionnaire on doit vérifier où se situe la majorité des réponses:

- Si la plupart des réponses ont une cote inférieure à 3, les symptômes sont légers et on se situe au niveau de la normalité.

- Si, parmi les questions 1 à 20, quelques réponses (environ 5-6 réponses) sont cotées "beaucoup" (cote 3) et "extrêmement" (cote 4), la personne vit de l'anxiété importante. Il serait souhaitable qu'elle élabore diverses stratégies afin d'éviter une aggravation de sa condition:
  - améliorer son hygiène de vie,
  - apprendre à maîtriser une bonne technique de relaxation,
  - consulter son médecin de famille.

• Si, dans l'ensemble du questionnaire, plusieurs réponses (environ 10-15 réponses) sont cotées "beaucoup" (cote 3) et "extrêmement" (cote 4), il y a souffrance psychique intense et on se situe à un niveau pathologique. Il est essentiel que la personne consulte son médecin de famille et qu'un diagnostic soit posé.

Tableau XI

QUESTIONNAIRE D'AUTO-ÉVALUATION DE L'ANXIÉTÉ

Dans quelle mesure chacun de ces symptômes vous a-t-il dérangé(e) ou inquiété(e) au cours des 7 derniers jours?

Encerclez la cote qui correspond le mieux à votre état **au cours des 7 derniers jours.**

	Pas du tout	Un peu	Modérément	Beaucoup	Extrêmement
1. Nervosité ou sensation de tremblements intérieurs	0	1	2	3	4
2. Nausées, douleurs ou malaises d'estomac	0	1	2	3	4
3. Impression d'être effrayé(e) subitement et sans raison	0	1	2	3	4
4. Attaques de panique subites et sans raison	0	1	2	3	4
5. Palpitations ou impression que votre coeur bat fort ou vite	0	1	2	3	4
6. Compulsions de vérifier et de revérifier ce que vous faites	0	1	2	3	4
7. Difficulté importante à vous endormir	0	1	2	3	4
8. Difficulté à vous détendre	0	1	2	3	4
9. Tendance à sursauter facilement	0	1	2	3	4
10. Tendance à être facilement irritable ou importuné(e)	0	1	2	3	4
11. Peur des grands espaces ouverts ou sur la rue, ou dans les endroits publics	0	1	2	3	4
12. Peur de sortir de la maison seul(e)	0	1	2	3	4

	Pas du tout	Un peu	Modérément	Beaucoup	Extrêmement
13. Incapacité à vous libérer de pensées obsédantes	0	1	2	3	4
14. Incapacité à accomplir certains travaux	0	1	2	3	4
15. Tendance à faire les choses très lentement pour s'assurer qu'elles sont faites correctement	0	1	2	3	4
16. Tendance à vous éveiller très tôt le matin et à rester éveillé(e)	0	1	2	3	4
17. Peur de voyager en autobus en métro ou en train	0	1	2	3	4
18. Devoir éviter certains objets, certains endroits ou certaines activités parce qu'ils vous effraient	0	1	2	3	4
19. Vous sentir nerveux(se) lorsque vous êtes seul(e)	0	1	2	3	4
20. Avoir peur de vous évanouir en public	0	1	2	3	4
21. Sentiments de tristesse ou de dépression	0	1	2	3	4
22. Sentiments de pessimisme face à l'avenir	0	1	2	3	4
23. Impression de pleurer facilement	0	1	2	3	4
24. Pertes d'intérêt envers les autres	0	1	2	3	4
25. Sentiments de déception personnelle	0	1	2	3	4
26. Manque d'énergie ou fait de vous sentir ralenti	0	1	2	3	4
27. Diminution d'appétit	0	1	2	3	4
28. Inquiétude créée par des douleurs ou autres malaises	0	1	2	3	4
29. Diminution d'intérêt pour le sexe	0	1	2	3	4
30. Sentiments de culpabilité	0	1	2	3	4

Dans le cas d'anxiété sévère (plusieurs réponses cotées "beaucoup" et "extrêmement"), on peut identifier la nature de l'anxiété en termes diagnostiques. Pour ce faire, on se base sur les points de référence que voici:

Syndrome anxio-dépressif: À l'intérieur de ce syndrome la plupart des questions relatives à l'anxiété (1, 2, 7, 8, 9, 10) et à la dépression (21 à 30) ont une cote élevée.

Anxiété généralisée: Dans cette condition, les symptômes physiques et psychiques de l'anxiété sont importants (questions 1, 2, 7, 8, 9, 10).

États de panique: Dans ce syndrome, nous avons un taux d'anxiété élevé (questions 1, 2, 7, 8, 9 ,10), avec attaques de panique. Les questions 3 et 4 caractérisent spécifiquement ces états. À ces symptômes s'ajoutent parfois des peurs et des phobies (questions 11, 12, 17, 18, 20).

Agoraphobie avec attaques de panique: Dans cette condition, les questions 11, 12, 17, 18, 19 et 20 sont très significatives.

Phobies: Dans le syndrome phobique, l'anxiété est généralement élevée (questions 1, 2, 7, 8, 9, 10), mais ce qui caractérise l'état phobique est l'évitement que nous retrouvons à la question 18.

États obsessionnels: Dans les états obsessionnels, l'anxiété est surtout vécue à un niveau psychique et les éléments essentiels sont traduits aux questions 6, 13, 14, 15.

En conclusion, un questionnaire d'auto-évaluation permet à la personne d'estimer le niveau de son anxiété (faible, modéré, sévère) ou d'identifier un processus psychopathologique (p. ex. syndrome anxio-dépressif, état obsessionnel, etc.). Il permet également à l'individu d'observer son évolution en s'auto-évaluant à des semaines d'intervalle. À cette fin, une copie du questionnaire d'auto-évaluation (tableau XI) est présentée en appendice (Appendice I). Il est important de noter qu'avant de remplir le questionnaire, la personne ne doit pas revoir ses évaluations antérieures. Ceci aurait pour effet d'invalider ses réponses.

Contrairement à l'échelle de Hamilton (tableaux XII et XIII), ce questionnaire d'auto-évaluation ne constitue pas un instrument scientifique. Il ne permet aucune quantification ni aucune validation. Cependant, il a l'avantage de permettre à l'individu de s'auto-observer et de prendre conscience de l'ampleur de son anxiété. C'est donc un instrument utile, mais qui comporte ses limites et dont l'interprétation doit être réservée.

ÉVALUATION PAR LE SPÉCIALISTE

En clinique, quand une personne vient consulter un professionnel de la santé, il est essentiel d'évaluer le degré de sévérité de l'anxiété et de poser un diagnostic juste, permettant ainsi d'orienter adéquatement le traitement. Pour ce faire, le professionnel de la santé doit disposer:

1. du résultat des divers examens physiques ou neurologiques, s'il y a lieu;
2. de l'histoire personnelle du patient;
3. des données d'observation de l'entrevue.

Le thérapeute peut utiliser également l'échelle de Hamilton (EAEH), une échelle d'évaluation de l'anxiété (tableaux XII et XIII). Cette échelle a été élaborée à la fin des années 1950 par Max Hamilton. Elle a été validée et standardisée et elle est actuellement l'instrument le plus utilisé dans l'évaluation de l'anxiété. C'est un instrument simple, pratique et fiable, permettant d'évaluer de façon plus objective le niveau d'anxiété de la personne qui consulte et l'efficacité des méthodes thérapeutiques utilisées. À l'intérieur de cette échelle figurent les deux grandes composantes de l'anxiété: l'anxiété psychique où prédominent les symptômes psychiques, et l'anxiété somatique où les symptômes physiques prévalent. Ces deux grandes composantes sont décrites dans le tableau XII.

L'anxiété psychique inclut:

1. humeur anxieuse
2. tension
3. craintes
4. insomnie
5. dysfonction intellectuelle
6. humeur dépressive

L'anxiété somatique inclut:

1. symptômes musculaires
2. symptômes sensoriels
3. symptômes cardio-vasculaires

4. symptômes respiratoires
5. symptômes gastro-intestinaux
6. symptômes génito-urinaires
7. symptômes neuro-végétatifs

Le dernier point de l'échelle de Hamilton, "comportement au cours de l'entrevue", renvoie aux observations faites au cours de l'entrevue d'évaluation. Il inclut divers aspects tels que l'agitation du patient, la pâleur, la respiration rapide, etc.

Chacun de ces aspects sont décrits dans le tableau XII. Pour chacun, le thérapeute choisit la cote ou le score approprié: pas du tout (0), un peu (1), modérément (2), beaucoup (3), extrêmement (4). Lorsque ces scores sont transcrits dans le tableau XIII et qu'on les additionne, on obtient une cote totale du niveau d'anxiété générale (voir Total I et II du tableau XIII).

- Si le score total est plus petit que 12, l'anxiété est normale.
- Si le score total est plus grand que 12 et plus petit que 18, on a une anxiété pathologique légère.
- Si le score total est plus grand que 18 et plus petit que 25, on a une anxiété pathologique modérée.
- Si la cote totale est plus grande que 25, on a une anxiété pathologique sévère.

Au delà d'une cote de 20, le plus souvent le fonctionnement de la personne est atteint. À ce niveau, des anxiolytiques peuvent être suggérés.

En considérant séparément le "Total I" et le "Total II" du tableau XIII, on peut aussi évaluer séparément le degré d'anxiété psychique et celui de l'anxiété somatique. L'obtention de ces deux scores permet au thérapeute de conclure sur la nature de l'anxiété: sa prédominance psychique ou somatique. En comparant les résultats obtenus lors des rencontres successives, le thérapeute peut également voir l'évolution de la condition de la personne et évaluer l'efficacité des méthodes thérapeutiques utilisées. À cette fin, nous présentons en appendice (Appendice II) une copie de l'échelle de Hamilton (tableaux XII et XIII). À nouveau, il est important de noter qu'avant de remplir cette échelle, le thérapeute (ou la personne elle-même) ne doit pas revoir les résultats des échelles antérieures.

En conclusion, l'échelle de Hamilton est un instrument simple et qui s'avère très utile, tant au niveau de la pratique que de la recherche. Elle permet une évaluation plus objective de l'anxiété et donne un bon aperçu de son évolution.

Tableau XII

ÉCHELLE DE HAMILTON

E ÉVALUATION DE
A L'ANXIÉTÉ –
E ÉCHELLE DE
H HAMILTON

Dans quelle mesure chacune des catégories de symptômes est-elle présente dans le tableau clinique?

Consigne: Encerclez la cote qui correspond le mieux à l'état d'anxiété au cours des sept derniers jours.

EXEMPLES

CATÉGORIE	EXEMPLES	Pas du tout	Un peu	Modérément	Beaucoup	Extrêmement
Humeur anxieuse	Inquiétudes, pessimisme, appréhension, irritabilité	0	1	2	3	4
Tension	Sensation de tension, fatigabilité, réactions de sursaut, tremblements, impatience (besoin de bouger), incapacité de se détendre	0	1	2	3	4
Craintes	De l'obscurité, des étrangers, d'être laissé seul, des animaux, des foules	0	1	2	3	4
Insomnie	Difficulté de l'endormissement, fragilité du sommeil, réveils fréquents, sommeil non réparateur, fatigue au réveil, cauchemars	0	1	2	3	4
Dysfonction intellectuelle	Difficulté de concentration, "mauvaise mémoire"	0	1	2	3	4
Humeur dépressive	Manque d'intérêt, tristesse, réveil précoce, fluctuations diurnes de l'humeur	0	1	2	3	4

ÉCHELLE DE HAMILTON (suite)

E ÉVALUATION DE A L'ANXIÉTÉ – E ÉCHELLE DE H HAMILTON

		Pas du tout	Un peu	Modérément	Beaucoup	Extrêmement
Symptômes musculaires	Douleurs musculaires, courbatures, crispation, tension musculaire, grincements de dents, voix mal assurée	0	1	2	3	4
Symptômes sensoriels	Bourdonnement d'oreille, vision embrouillée, sensation de chaleur et de froid, sensation de faiblesse, sensation de picotement, démangeaisons de la peau	0	1	2	3	4
Symptômes cardio-vasculaires	Accélération du rythme cardiaque, palpitations, douleurs thoraciques, battement des vaisseaux	0	1	2	3	4
Symptômes respiratoires	Sensations d'oppression, longs soupirs, sensations d'étouffement	0	1	2	3	4
Symptômes gastro-intestinaux	Difficulté à avaler, boule oesophagienne, douleur abdominale, gargouillements, mauvaise digestion, brûlures d'estomac, nausées, constipation	0	1	2	3	4
Symptômes génito-urinaires	Aménorrhée, (absence de menstruations), menstruations abondantes, début de frigidité, impuissance, miction impérieuse, mictions très fréquentes et peu abondantes, éjaculation précoce, perte de libido	0	1	2	3	4
Symptômes neuro-végétatifs	Sécheresse de la bouche, bouffées de chaleur, pâleur, sudation fréquente, étourdissements, céphalée tensionnelle	0	1	2	3	4
Comportement au cours de l'entrevue	Agitation, tremblement des mains, visage crispé, soupirs, respiration rapide, mouvements subits et rapides, yeux agrandis	0	1	2	3	4

N.B. Transcrire les résultats obtenus dans le tableau XIII

Tableau XIII

| E ÉVALUATION DE
A L'ANXIÉTÉ –
E ÉCHELLE DE
H HAMILTON | **ÉVALUATIONS
RÉGULIÈRES** |

	Date 1	Date 2	Date 3	Date 4	Date 5
Catégorie I ANXIÉTÉ PSYCHIQUE Humeur anxieuse					
Tension					
Craintes					
Insomnie					
Dysfonction intellectuelle					
Humeur dépressive					
Total catégorie I					
Catégorie II ANXIÉTÉ SOMATIQUE Symptômes musculaires					
Symptômes sensoriels					
Symptômes cardio-vasculaires					
Symptômes respiratoires					
Symptômes gastro-intestinaux					
Symptômes génito-urinaires					
Symptômes neuro-végétatifs					
Total catégorie II					
TOTAL I et II:					

Interprétation:
Score total < 12 : anxiété normale
Score total > 12 et < 18 : anxiété pathologique légère
Score total > 18 et < 25 : anxiété pathologique modérée
Score total > 25 : anxiété pathologique sévère

CHAPITRE VII

Faut-il traiter l'anxiété?

Le traitement de l'anxiété est complexe. Toute modalité thérapeutique comporte ses indications, ses contre-indications et ses limites. Avant de répondre à la question: "Faut-il traiter l'anxiété?" ou, "Un traitement peut-il être efficace?", il convient d'abord de mentionner que le thérapeute doit toujours analyser la pertinence et les chances de succès d'un traitement quel qu'il soit.

Il est essentiel que le thérapeute et le patient aient des objectifs réalistes face à ce traitement. Et enfin, dans le but d'augmenter les chances de succès du traitement, le thérapeute, le patient et l'entourage doivent coopérer étroitement. La contribution de chacun de ces participants, sera étudiée dans ce chapitre selon les aspects suivants:

1. L'approche actuelle du traitement de l'anxiété (médicalisation).
2. Que peut faire le thérapeute (omnipraticien ou thérapeute spécialisé)?
3. Que peut faire la personne anxieuse pour elle-même?
4. Que peut faire l'entourage?
5. Qu'arrive-t-il des anxieux qui suivent un traitement?
6. Qu'arrive-t-il des anxieux qui ne vont pas chercher de l'aide?

MÉDICALISATION DE L'ANXIÉTÉ

Jusqu'au siècle dernier, l'anxiété appartenait au domaine des écrivains et des philosophes qui, dans leur langage, essayaient de traduire la nature de l'angoisse et le vécu de la personne angoissée.

Progressivement, la science médicale s'est intéressée à l'anxiété. Ainsi, au XIXe siècle, un médecin nommé Da Costa a observé chez certains patients des symptômes cardio-vasculaires nettement associés à l'anxiété. Il a traduit en terme de "coeur irritable" cet état d'anxiété chez ses patients. Beard a identifié également la neurasthénie qui se caractérise par une grande fatigabilité, de l'angoisse, de l'insomnie, des troubles cardio-vasculaires et digestifs. Donc, au début du XIXe siècle, des médecins ont reconnu que, dans le tableau clinique de certaines conditions médicales, l'anxiété est un facteur primaire, c'est-à-dire qu'elle joue un rôle de premier ordre.

À la fin du XIXe siècle, Freud a mis en relief la dimension psychique de l'anxiété. Il a également intégré les facteurs biologiques et les facteurs de l'environnement dans l'étiologie de l'anxiété. Ainsi, il a distingué les "névroses actuelles" (liées à l'environnement) des "psychonévroses" (associées à des facteurs internes).

Au début du XXe siècle, ses travaux ont été utilisés surtout par les psychiatres. Ces derniers pratiquaient de façon exclusive la psychothérapie dans le traitement de l'anxiété, alors que les omnipraticiens utilisaient une approche médicale simple centrée sur les symptômes. Au cours des années 1960, la psychothérapie du comportement vint rompre cette traditionnelle dichotomie en tenant compte à la fois des facteurs psychologiques et des facteurs de l'environnement dans le traitement de l'anxiété.

Mais c'est seulement avec la parution récente du DSM III (dernière classification américaine des troubles mentaux) qu'une approche médicale moderne a été introduite. Ainsi, le concept de névrose avec sa connotation négative est disparu et on parle maintenant de "maladies de l'anxiété", attribuant ainsi à l'anxiété un rôle prédominant dans le tableau clinique de certaines maladies psychiatriques. Comme nous l'avons vu dans ce volume,

chacune des différentes maladies de l'anxiété a ses critères diagnostiques, sa symptomatologie et son traitement
propre.

L'approche clinique contemporaine s'éloigne de la
dichotomie où la psychothérapie excluait les autres traitements (p. ex. médication, méthode de relaxation, etc.) et
vice versa. Dans le traitement de l'anxiété, l'approche actuelle combine les modalités de traitement et utilise tous
les moyens dont on dispose pour lutter contre l'anxiété.

En conclusion, depuis le siècle dernier, l'anxiété
n'appartient plus à l'univers des écrivains et des philosophes. En effet, le concept d'anxiété a été médicalisé et
défini en termes diagnostiques. La psychothérapie n'est
plus l'unique approche. Il en est de même pour le traitement pharmacologique. Compte tenu des multiples facteurs étiologiques, l'utilisation séquentielle ou combinée
de diverses approches s'avère essentielle.

Finalement, en raison des symptômes physiques
étroitement reliés à l'anxiété et des nombreuses complications médicales associées, le traitement de l'anxiété appartient actuellement à la médecine. En effet, aujourd'hui
la plupart des personnes anxieuses ne reçoivent pas de
soins psychiatriques ou psychologiques, mais la majorité
d'entre elles consultent un médecin pour divers symptômes. De nos jours, l'omnipraticien joue donc un rôle pri-
mordial dans le traitement de l'anxiété. Cette récente
"médicalisation" de l'anxiété nécessite de la part du thérapeute quel qu'il soit, une conception plus élargie de la
maladie qui tienne compte simultanément de la contribution des facteurs psychologiques, biologiques et environ-

nementaux. Mais sur le plan de la pratique clinique, le thérapeute doit constamment s'interroger sur "ce qu'il peut faire" pour la personne qui vient le consulter.

QUE PEUT FAIRE LE THÉRAPEUTE?

La personne anxieuse arrive en consultation médicale avec divers malaises physiques et psychiques et elle est avant tout préoccupée par la souffrance que lui occasionnent ces symptômes. Il est indiqué qu'elle subisse un examen médical dans le but d'éliminer la présence de maladies physiques susceptibles d'induire de l'anxiété, et de vérifier s'il n'y a pas d'origine organique aux symptômes présentés.

À ce niveau, il est essentiel d'évaluer l'intensité et la nature de l'anxiété du patient. Il est important également d'individualiser les approches thérapeutiques: ce qui convient à une personne donnée ne convient pas nécessairement à une autre personne (p. ex. médication, technique de relaxation, etc.). Finalement, le médecin doit être capable de réviser ses méthodes thérapeutiques et de les ajuster constamment au vécu du patient. Ainsi, le dosage d'une médication doit être régulièrement ajusté; au cours de certaines phases, le patient a besoin d'être vu plus fréquemment; à certaines entrevues, il est parfois indiqué qu'un membre de l'entourage soit présent (p. ex. conjoint ou autre).

Progressivement, une relation de confiance s'établit donc entre le patient et son médecin et il est souhaitable que le médecin utilise cette relation pour favoriser chez le patient l'expression de son vécu intérieur (inquiétudes, peurs, tristesse, etc.). À travers cette relation privilégiée, le patient peut donc se centrer davantage sur son monde intérieur. Il peut alors en arriver à aller au delà de ses symptômes et identifier ses conflits internes. Ainsi, une psychothérapie de soutien permet à la personne anxieuse d'accomplir tout un cheminement personnel.

Parfois, ce soutien ne suffit pas et le médecin de famille doit référer la personne à des thérapeutes spécialisés (psychologue ou psychiatre). Quant au type de psychothérapie à recommander, il dépend:

1. de la nature des problèmes présentés (p. ex. anxiété généralisée, panique, phobie, etc.);
2. des ressources de la personne: sa motivation, sa capacité d'introspection, la force de son ego, etc.;
3. des ressources disponibles dans les milieux spécialisés: types de thérapie offertes, accessibilité ou non à la gratuité des soins, état des listes d'attente, etc.

C'est à la suite d'une ou plusieurs entrevues d'évaluation que le psychothérapeute recommande une forme de thérapie quelconque et qu'il en entrevoit la durée (court ou long terme). Quel que soit le type de traitement choisi, on ne peut pas s'attendre à une rémission complète des symptômes par l'intervention unique de la psychothérapie, surtout si les symptômes d'anxiété sont sévères. Tout traitement comporte ses limites, il n'existe pas de cure miracle ou de formule magique. Il est donc essentiel que le psychothérapeute essaie de désamorcer l'anxiété en utilisant tous les moyens dont il dispose.

Sur le plan scientifique l'efficacité de certaines méthodes thérapeutiques pour le traitement de l'anxiété est maintenant prouvée: (p. ex. méthode de relaxation de Jacobson, utilisation des benzodiazépines et du protocole de Klein, psychothérapie d'orientation psychanalytique, etc.). Cependant, dans leur application, il est essentiel que le thérapeute tienne compte des possibilités et des limites de ces modalités de traitement et qu'il individualise son approche. Finalement, dans le domaine du traitement de l'anxiété sévère, il est maintenant prouvé que la combinaison médication/psychothérapie est nettement plus efficace que l'utilisation exclusive d'une seule de ces modalités thérapeutiques. Le traitement de l'anxiété est complexe, il doit être abordé sur plusieurs fronts. De plus, en raison de la tendance des maladies à devenir chroniques, il faut s'attendre à des rechutes et donc à recommencer le traitement.

En conclusion, dans le pénible combat contre l'anxiété, thérapeute et patient sont souvent confrontés à des déceptions. Dans cette perspective, il s'avère essentiel que tous les deux aient des attentes réalistes face au traitement et qu'ils créent une bonne alliance thérapeutique.

QUE PEUT FAIRE LA PERSONNE ANXIEUSE POUR ELLE-MÊME?

À l'intérieur de ce volume, nous avons mentionné à diverses reprises ce qu'une personne peut faire si elle est aux prises avec une anxiété importante. Nous jugeons qu'il est important ici de tracer à nouveau les grandes lignes directrices à suivre pour lutter contre l'anxiété.

1. Améliorer son hygiène de vie:
- meilleure alimentation;
- diminution de la consommation d'alcool, de café et de nicotine,
- périodes de détente plus fréquentes, activités physiques régulières,
- meilleur sommeil.

2. Apprendre à maîtriser une bonne technique de relaxation et la pratiquer régulièrement (Références, p. 168):
- méthode de Jacobson,
- les techniques autogènes (Luthe et Schultz).

3. Consulter son médecin de famille pour examen physique complet.
Des maladies physiques susceptibles d'induire une anxiété importante peuvent être diagnostiquées (hypoglycémie, hyperthyroïdie, etc.). Leur traitement réduira considérablement l'anxiété.

L'anxiété s'accompagne souvent de symptômes physiques et engendre fréquemment des complications médicales. C'est pourquoi une personne anxieuse doit consulter *d'abord* son médecin de famille. Ensemble, ils pourront discuter des modalités de traitement à apporter. S'il y a lieu, le médecin de famille pourra référer la personne anxieuse à un psychothérapeute (psychiatre, psychologue). Tout dépend de la nature des problèmes présentés et des ressources de la personne (sa capacité d'introspection, sa motivation, la force de l'ego, etc.). À son tour, le psychothérapeute sélectionnera des interventions appropriées: thérapie psychanalytique, thérapie de comportement ou autre.

S'engager dans une psychothérapie nécessite beaucoup de coopération de la part de l'individu. Il doit être fidèle à se présenter à ses rendez-vous et doit le plus souvent débourser des sommes importantes. Plus que tout, la psychothérapie confronte la personne à ses problèmes et exige d'elle qu'elle se prenne en charge. Ce processus s'avère souvent douloureux.

De plus, les gens s'imaginent fréquemment qu'à la suite d'une psychothérapie ils seront complètement changés, pratiquement métamorphosés. Lorsqu'ils s'engagent dans un processus thérapeutique, ils croient que la thérapie les immunisera contre leur anxiété et leur offrira un abri permanent, une sorte de guérison complète et définitive. À plus brève échéance, ils croient même que quelques sessions de psychothérapie réussiront à réduire considérablement leur anxiété. Évidemment, il n'en est rien. Une thérapie spécialisée n'est pas une cure de tout repos. C'est un processus qui est long, exigeant, et qui nécessite beaucoup d'engagement de la part de l'individu. À travers la psychothérapie, la personne apprend différentes façons d'identifier ses difficultés, de les comprendre et de s'adapter à son anxiété. *Une psychothérapie est un travail que l'on poursuit seul; c'est un travail de toute une vie.*

QUE PEUT FAIRE L'ENTOURAGE?

Il peut être particulièrement pénible pour un individu de sentir une personne proche (mère, père, conjoint, enfant), continuellement tendue, inquiète, irritable ou triste et désespérée. Un individu qui souffre d'anxiété sévère présente divers symptômes physiques et psychiques douloureux et contraignants. Son fonctionnement dans son travail, dans sa relation de couple et dans sa vie sociale est atteint à divers degrés. C'est pourquoi son entourage immédiat devient inévitablement engagé dans la maladie. On peut penser par exemple à la jeune femme dont la mère agoraphobe est incapable d'être seule dans les endroits publics ou à cette jeune fille dont l'ami vit régulièrement des paniques qui ressemblent à des infarctus. Il résulte inévitablement de ces situations une détérioration des relations. Le plus souvent, les personnes affectées se replient sur elles-mêmes et s'isolent.

Face au problème, l'entourage manifeste deux grands types de réactions: la colère (souvent inconsciente) et la culpabilité. Sous l'effet de *la culpabilité,* l'entourage peut se demander ce qu'il a pu faire qui contribue au phénomène de l'anxiété. La culpabilité se manifeste par des attitudes surprotectrices ou par des attitudes réparatrices. Au moyen de la surprotection, l'entourage cherche à éviter à la personne anxieuse toute situation qui pourrait augmenter son anxiété. Cette attitude contribue largement à diminuer l'autonomie de la personne anxieuse. Ainsi, un mari peut se sentir continuellement obligé d'accompagner son épouse agoraphobe dans ses sorties. Il est évident que cette attitude augmente le problème de la patiente. Sous l'effet de la culpabilité, l'entourage peut également adopter des attitudes réparatrices, c'est-à-dire des attitudes qui visent à annuler les comportements jugés incorrects. Ainsi, un époux infidèle peut se sentir obligé d'être extrêmement gentil avec son épouse. Le plus souvent, ces attitudes n'ont pas l'effet souhaité et font place à la colère.

La colère demeure parfois refoulée, mais elle peut devenir débordante et destructrice. La personne anxieuse se sent alors incomprise et abandonnée. Chez les personnes de l'entourage, cette colère induit la culpabilité et en retour la culpabilité engendre le ressentiment et la colère. Ces deux réactions s'alimentent donc mutuellement et il en résulte une détérioration des rapports inter-personnels. Il est donc essentiel d'aider l'entourage et de le diriger dans ses efforts pour venir en aide à la personne anxieuse.

Dans cette perspective on pourra utiliser différentes modalités:

1. Le thérapeute ou le médecin de famille peut rencontrer l'entourage dans le but de l'informer de la condition du patient, des modalités thérapeutiques utilisées, de la nature des médicaments, de la durée approximative des traitements et du pronostic.

2. Les personnes de l'entourage doivent être encouragées à exprimer leurs sentiments face au patient: inquiétudes, culpabilité, colère, sentiment d'impuissance, etc. Il est important à ce ni-

veau de désamorcer la culpabilité et la colère, puisque ces sentiments sont stériles et le plus souvent destructeurs.

3. Il est essentiel également que l'entourage coopère au traitement en encourageant le patient à consulter son thérapeute, à poursuivre ses traitements et à prendre ses médicaments, s'il y a lieu. Dans ce sens, il est important que l'entourage et le patient aient confiance au traitement.

4. Il est souhaitable que l'entourage apprenne à identifier ses attitudes protectrices et réparatrices et qu'il renforce son attitude d'écoute, de soutien et de respect face au patient.

En conclusion, une personne qui souffre d'anxiété importante a besoin d'aide et son entourage également. C'est pourquoi, il est souvent essentiel d'engager l'entourage dans le traitement et d'obtenir sa coopération.

QU'ARRIVE-T-IL DES ANXIEUX QUI SUIVENT UN TRAITEMENT?

On peut d'abord mentionner que les anxieux consultent environ cinq fois plus les médecins et autres professionnels de la santé que les gens de même sexe et de même âge. Cependant, environ deux tiers de ces anxieux nient leur anxiété. Ils perçoivent leur problème à un niveau somatique, se centrent sur leurs symptômes physiques et multiplient les consultations médicales. Parfois ils attribuent la cause de leurs problèmes à leur environnement: conjoint, travail insatisfaisant, situation financière précaire, etc. Dans ces deux cas, il y a extériorisation de l'approche de la maladie et l'anxiété est niée.

D'autre part, environ le tiers des gens souffrant d'anxiété vont chercher les causes de leur anxiété à l'intérieur d'eux-mêmes et se centrent sur la dimension psychologique de leur problème. Chez ces gens, le pronostic est meilleur, puisqu'il leur est plus facile d'intégrer les facteurs psychologiques, biologiques et liés à l'environnement. Cette synthèse s'effectue plus facilement lors d'une psychothérapie. Ainsi, il y a d'une part les anxieux qui nient leur condition ou qui la projettent à l'extérieur et d'autre part ceux qui la perçoivent comme faisant partie d'eux-mêmes. En conséquence, pour ces deux catégories de personnes anxieuses, les approches thérapeutiques ont à la fois des éléments communs et des différences fondamentales.

En raison de la récente médicalisation de l'anxiété, le médecin de famille consacre environ 40% de sa pratique au traitement de patients anxieux. D'emblée, il y a interventions multiples sur plusieurs années chez la plupart des cas. L'anxieux est vulnérable et ses symptômes le lui rappellent sans cesse. La plupart des consultations visent à vérifier l'absence de maladie médicale et à rassurer la personne. De par sa psychologie même, l'anxieux anticipe le pire et adopte une attitude où l'on tolère les difficultés plutôt que de les combattre. Il peut en découler plusieurs complications médicales, psychologiques et sociales.

Voyons les traitements et l'efficacité des traitements chez:

1. l'anxieux qui perçoit son anxiété comme faisant partie de lui-même;
2. l'anxieux qui perçoit son anxiété comme étant à l'extérieur de lui-même.

L'anxieux qui perçoit son anxiété comme faisant partie de lui-même.

Pour les gens qui perçoivent leur anxiété comme faisant partie d'eux-mêmes, il sera plus facile d'accepter progressivement leur vulnérabilité, de subir les déceptions associées aux rechutes et d'envisager une approche à long terme. Ceci aura pour effet de diminuer les risques de complications psychologiques et sociales. Cependant, les complications médicales dépendent de la forme de maladie de l'anxiété. Généralement, il est accepté que les gens qui présentent un syndrome anxio-dépressif ont peu de complications médicales, alors que ceux qui souffrent de paniques récurrentes présentent environ trois fois plus de maladies et de mortalité qu'un groupe contrôle. L'anxiété généralisée se situe à mi-chemin entre ces deux entités cliniques en ce qui concerne les complications. En tenant compte de ces deux types de complications décrites, y a-t-il avantage pour ces personnes à consulter un psychothérapeute, c'est-à-dire un thérapeute spécialisé?

La psychothérapie est un traitement sophistiqué qui peut se combiner à une amélioration de l'hygiène de vie et à une médication appropriée pour les personnes présentant des symptômes modérément sévères ou sévères. De plus, elle peut être entreprise à un moment ou l'autre de la vie, mais dans le cas de l'anxiété, il faut s'attendre à une durée d'au moins un an. Généralement, on considère qu'il y a deux grands types de psychothérapie autour desquels se greffent plusieurs autres types de psychothérapie.

Tout d'abord, on trouve *l'approche psychanalytique*, qui s'adresse surtout à ceux souffrant d'anxiété généralisée et qui présentent une forte motivation à se comprendre, une capacité d'introspection et un bon ego. Il s'agit d'une intervention efficace lorsqu'elle est complétée; mais elle s'avère assez difficile à réaliser chez les anxieux. En effet, la rigidité de la personne anxieuse et sa vulnérabilité entraînent sa déception et souvent la terminaison prématurée du processus thérapeutique. Ainsi, le thérapeute doit aider l'anxieux à constater que ses symptômes font partie de sa vie et que, par conséquence, ses symptômes et différents secteurs de sa vie seront améliorés à long terme par la psychothérapie, mais que fondamentalement il demeurera plus vulnérable. Dans cette perspective, la réapparition des symptômes ne signifie pas l'échec de la psychothérapie mais plutôt l'intervention de facteurs qu'il faut identifier et comprendre (p. ex. divorce, départ des enfants, vieillissement, etc.).

Le thérapeute et son patient doivent se fixer des buts réalistes et ne pas s'attendre à ce que le problème soit résolu de façon définitive. Dans ce sens, la psychothérapie psychanalytique ne s'avère pas, elle non plus, un traitement miracle pour l'anxiété. Cependant, elle constitue une aide précieuse chez plus de 20% des patients souffrant d'anxiété généralisée. Elle vise à comprendre le vécu psychique et permet de désamorcer les conflits et d'améliorer l'adaptation à l'environnement. Ceci engendre une diminution notable des complications psychologiques et sociales. L'objectif est de laisser à la personne anxieuse le sentiment qu'elle peut faire quelque chose pour elle-même par la manifestation progressive d'attitudes positives face à son anxiété plutôt que d'attitudes défensives. Par ailleurs, la psychothérapie psychanalytique est relativement limitée dans les syndromes anxio-dépressifs et dans les états de panique.

D'autre part, on trouve *la thérapie du comportement*, qui s'adresse aussi à la personne qui conçoit l'anxiété comme faisant partie d'elle-même, mais où l'intervention se situe entre l'individu et son environnement. Différentes techniques sont utilisées afin d'accroître l'adaptation et le bien-être personnel: les techniques de relaxation, la désensibilisation et l'assertion. Nous avons décrit ces méthodes dans le chapitre IV. L'approche comportementale est particulièrement utile chez les gens ayant des problèmes spécifiques tels que des phobies ou des obsessions et chez les patients souffrant d'agoraphobie avec attaques de paniques ainsi que dans le cas du syndrome anxio-dépressif. La combinaison des méthodes thérapeutiques précitées s'avère efficace. Ainsi, les changements tant au niveau de l'individu que de son interaction avec l'environnement sont rapides et l'approche à long terme n'est pas habituellement requise. Les buts visés avec l'approche comportementale sont limités (p. ex. la diminution importante des symptômes) et l'approche se situe davantage à court terme. Finalement, à la thérapie du comportement s'ajoutent habituellement d'autres modalités de traitement telles que la médication, le soutien, et les visites médicales régulières. Ce type de psychothérapie a une efficacité limitée dans l'anxiété généralisée et encore moindre chez les gens ayant des paniques récurrentes.

L'anxieux qui extériorise son anxiété.

Les gens qui conçoivent leur anxiété comme ne faisant pas partie d'eux-mêmes se trouvent souvent dans une situation circulaire qui se répétera à l'infini. Les symptômes physiques stimulent l'anticipation et motivent souvent les consultations médicales ou autres. En retour, l'anticipation et les inquiétudes entraînent des symptômes physiques. Le médecin ou autre professionnel de la santé est perçu comme une autorité à laquelle on attribue un pouvoir magique de guérison des symptômes. Cette perception se retrouve surtout lors des phases plus aiguës et elle est probablement nécessaire pour le patient afin de maintenir en lui un certain dynamisme. Cependant, ce processus circulaire se répète habituellement plusieurs fois par année et devient stérile à long terme. Dans leur quête de guérison magique, ces gens doivent changer souvent de médecin et se sentent continuellement déçus de ne pas être "guéris".

Il arrive qu'à long terme la personne se décentre de ses symptômes et reconnaisse sa condition d'anxiété. Ain-

si, nous avons eu en consultation une femme de quaran-
te ans, qui pendant six ans avait consulté de nombreux
médecins gynécologues, rhumatologues, etc., pour douleur au sein gauche et à l'épaule. Après que toutes ces
démarches se soient avérées infructueuses, son médecin
de famille l'a référée en psychiatrie. Elle doutait alors fortement du caractère psychique de ses symptômes. Mais
progressivement, elle a commencé à entrevoir ses malaises comme étant la manifestation de son anxiété. Elle a
pu en arriver à se décentrer de ses symptômes pour se
tourner sur elle-même. L'utilisation d'anxiolytiques, l'apprentissage de techniques de relaxation et une thérapie
de soutien ont permis une diminution satisfaisante des
symptômes de cette patiente et une amélioration de sa
qualité de vie.

Cette patiente a pu intérioriser progressivement la
perception de son anxiété; cependant, le plus souvent ce
processus ne s'accomplit pas chez les personnes qui exté-
riorisent leur anxiété. Dans ce cas, il y a augmentation
des risques de complications médicales et de chronicité.
Par ailleurs, il est toujours surprenant de constater les
possibilités de compensation du milieu immédiat. En effet, le soutien du conjoint, de la famille, de l'omnipraticien, réussissent souvent à réduire les risques de l'aggravation de la maladie. De plus, en dépit de la négation
de leur anxiété, plusieurs patients choisissent un style de
vie plus calme, renoncent à certaines ambitions et améliorent leur hygiène de vie. Ces mesures contribuent largement à éviter une aggravation de leurs symptômes et à
contenir leur maladie à un niveau tolérable.

QU'ARRIVE-T-IL AUX ANXIEUX QUI NE VONT PAS CHERCHER DE L'AIDE?

Parmi les anxieux, ceux qui ne consultent pas un spécialiste de la santé constituent une minorité car la plupart des personnes anxieuses consultent fréquemment leur médecin de famille. Les gens qui ne vont pas chercher de l'aide se retrouvent davantage parmi les hommes et dans les milieux défavorisés. Chez ces personnes, on trouve deux types de situations opposées. On a d'abord ceux qui souffrent d'une condition d'anxiété de faible intensité et qui réussissent à maintenir leur fonctionnement et leur adaptation. Ces personnes ne voient pas la nécessité d'aller chercher de l'aide ou se méfient des traitements médicaux. Beaucoup plus fréquemment, on a ceux qui souffrent d'une condition d'anxiété sévère. Il s'agit généralement de personnes qui ont peu de contacts médicaux ou qui doutent de l'efficacité des traitements ou encore de gens qui, en raison d'attitudes méfiantes et fermées, évitent les contacts humains.

En raison de la gravité de leurs symptômes, les anxieux qui ne consultent pas voient leur maladie altérer considérablement leur qualité de vie. Souvent l'alcool, les médicaments divers et les drogues deviennent leur refuge. Il en résulte de nombreuses complications sociales: perte d'emploi, divorce, isolement social, etc. Les rechutes multiples et le manque de ressources engendrent chez eux un grand désespoir, des ruminations suicidaires et parfois le passage à l'acte suicidaire.

CONCLUSION

En raison de la médicalisation de l'anxiété survenue au cours du dernier siècle, le traitement de l'anxiété appartient maintenant à la médecine. Actuellement, le médecin consacre environ 40% de sa pratique au traitement des gens anxieux. La plupart de ces derniers consultent un omnipraticien. Une minorité seulement est vue en psychologie ou en psychiatrie. Certains, surtout des hommes de milieux défavorisés, n'ont jamais cherché de l'aide.

En raison de la tendance de l'anxiété à se compliquer et à devenir chronique, il est fortement souhaitable que la personne anxieuse consulte un spécialiste de la santé. L'efficacité de plusieurs méthodes thérapeutiques est maintenant démontrée. Cependant, toute méthode thérapeutique comporte ses limites; thérapeute et patient doivent être réalistes par rapport aux objectifs visés. De plus, il existe sur le marché toute une gamme d'agents pharmacologiques pour lutter contre l'anxiété, mais ces agents doivent être bien administrés. La combinaison des modalités thérapeutiques s'avère facilement applicable et optimale. Lorsqu'une psychothérapie est indiquée, le pronostic de la personne anxieuse est amélioré. Lorsqu'une personne conçoit davantage son anxiété comme faisant partie d'elle-même, le pronostic est également meilleur.

Le pronostic dépend également de la nature de la maladie: ainsi, le pronostic du syndrome anxio-dépressif est meilleur que celui des états de panique. De plus, le pronostic dépend de l'individu lui-même, de sa motivation, de ses efforts personnels pour combattre ses difficultés. Il dépend également de ses attitudes positives et réalistes face à son anxiété. Les ressources du milieu, la compréhension et l'aide obtenue contribuent également à soulager largement l'anxiété.

En définitive, plusieurs facteurs interviennent dans l'évolution de l'anxiété et il est essentiel d'allier toutes les ressources disponibles. Dans le douloureux combat contre l'anxiété, on assiste parfois à un appauvrissement de la personnalité; mais le plus souvent, il en résulte une personne humaine enrichie de toute une nouvelle dimension.

CONCLUSION

Au terme de ce volume, il est important de se rappeler que l'anxiété fait partie de la condition humaine. Elle se caractérise par l'inquiétude, le pessimisme ou l'anticipation du pire, les craintes multiples et l'irritabilité. À cet inconfort psychique, se greffent souvent des symptômes physiques.

Tout individu éprouve de l'anxiété. Celle-ci est variable selon les périodes de la vie et selon les exigences de l'environnement. C'est une réaction d'adaptation puisqu'elle incite la personne à se mobiliser et à trouver des solutions aux problèmes de l'existence.

Il arrive cependant que l'anxiété augmente à un point tel qu'elle entraîne des difficultés importantes de fonctionnement au travail et dans la vie sociale et familiale. C'est alors qu'elle atteint un seuil pathologique. Dans ce cas, les changements de l'environnement et les efforts d'adaptation de l'individu ne réussissent pas à modifier son état mental.

L'anxiété pathologique se manifeste à travers différents symptômes psychiques et physiques que l'on peut classifier sous différentes maladies. Dans ce volume, nous avons décrit les entités les plus courantes en rappelant qu'elles se distribuent sur un continuum en fonction de l'intervention des facteurs de l'environnement par rapport aux facteurs biologiques et psychologiques.

Au cours du siècle dernier, le concept d'anxiété a été médicalisé et, depuis, le traitement de l'anxiété appartient principalement à la médecine. En raison des symptômes physiques associés à leur état, la plupart des personnes anxieuses consultent régulièrement leur médecin de famille. Elles consultent environ cinq fois plus les médecins et autres professionnels de la santé que les gens de même sexe et de même âge. Seule une minorité d'anxieux sont suivis en psychiatrie ou en psychologie. Le plus souvent, en psychiatrie, on retrouve des gens qui souffrent d'anxiété sévère. Pour sa part, la psychothérapie spécialisée (orientation psychanalytique, approche comportementale ou autre) est sélective, c'est-à-dire qu'elle comporte des critères définis d'accessibilité. La psychothérapie est un processus qui est long, exigeant, et qui nécessite de la part de l'individu un continuel affrontement de ses difficultés.

Avec la parution du DSM III (dernière classification américaine des troubles mentaux), la dichotomie traditionnelle entre les divers types de psychothérapie opposés à la médication et au soutien, s'estompe. L'approche optimale pour le traitement de l'anxiété consiste le plus souvent en une combinaison ou une utilisation séquentielle de diverses méthodes thérapeutiques. Finalement, le traitement de l'anxiété est complexe, il doit être abordé sur plusieurs fronts et être envisagé à long terme.

Tout traitement, quel qu'il soit, comporte ses indications, ses contre-indications et ses limites. Dans la lutte contre l'anxiété, il n'existe pas de cure miracle ou de formule magique. Le thérapeute et le patient doivent donc se fixer des objectifs réalistes. Ils sont souvent confrontés à des déceptions et parfois à des rechutes. Enfin, dans le but d'augmenter les chances de succès du traitement, le thérapeute, le patient et l'entourage doivent coopérer étroitement.

Une certaine proportion de personnes qui souffrent d'anxiété sévère ne consultent pas. Malheureusement, ces personnes sont sujettes à des complications ou risquent de prolonger indûment leurs souffrances. Souvent, ces personnes refusent de l'aide et essaient de se traiter elles-mêmes en utilisant des moyens inappropriés (p. ex. alcool, médicaments divers, drogues). Parfois, certaines personnes nient leur problème d'anxiété et se replient sur leurs symptômes physiques. Elles multiplient les consultations et cherchent sans fin "le" médecin qui les guérira. Finalement, elles se sentent continuellement déçues et frustrées, puisque l'origine de leurs symptômes se trouve dans leur anxiété et que cette anxiété n'étant pas traitée les symptômes persistent et le plus souvent s'aggravent.

Nous le répétons ici, l'anxiété pathologique a tendance à devenir chronique. Il est donc essentiel de la traiter en utilisant tous les moyens appropriés dont on dispose pour la désamorcer et éviter ainsi des complications médicales et sociales. Il existe actuellement d'excellents traitements contre l'anxiété, nous en avons fait état dans ce volume. Il n'y a plus de raison pour qu'un individu démissionne et se replie sur ses problèmes. Le combat contre l'anxiété est un combat dans lequel tout être humain est engagé. C'est parfois une lutte qui dure toute une vie. Ce combat peut devenir épuisant et destructif, c'est pourquoi il est fortement souhaitable que la personne soit convaincue que son entourage, son médecin de famille et des spécialistes peuvent l'aider de façon efficace.

Aucun traitement n'offre un abri permanent contre l'angoisse. Par ailleurs, chez les gens anxieux qui reçoivent une aide adéquate, on observe souvent une diminution importante des symptômes, une nette amélioration de leur fonctionnement et de leur qualité de vie. La plupart de ces gens parviennent à identifier leur anxiété, à la comprendre, ou du moins, à vivre avec elle. Au lieu d'essayer continuellement de masquer leur angoisse, ils réussissent à en parler et à traduire ainsi leur douleur morale et physique. Progressivement, ils entrent en contact avec leurs émotions au lieu de s'en défendre.

Avec l'aide de leur médecin ou de leur psychothérapeute, les personnes anxieuses peuvent parfois transformer leur angoisse en une expérience enrichissante au plan humain. Dans leur combat contre l'anxiété, leurs traitements stimulent en elles un espoir de mieux-être. Dans leur langage, elles nous rappellent que la souffrance humaine fait souvent partie d'un processus de croissance et de profonde maturation.

LISTE DES TABLEAUX

TABLEAU I: Comparaison entre certains concepts et l'anxiété (p. 20)

TABLEAU II: Tableau d'événements stressants de la vie (p. 24)

TABLEAU III: La contribution des facteurs étiologiques dans certaines maladies de l'anxiété (p. 45)

TABLEAU IV: Troubles de l'anxiété sur un continuum (p. 46)

TABLEAU V: La contribution des facteurs étiologiques dans les états anxio-dépressifs (p. 53)

TABLEAU VI: Comparaison entre les états anxio-dépressifs et le syndrome d'épuisement professionnel (p. 63)

TABLEAU VII: Comparaison entre les états anxio-dépressifs et l'anxiété généralisée (p. 70)

TABLEAU VIII: La contribution des facteurs étiologiques dans l'anxiété généralisée (p. 73)

TABLEAU IX: Comparaison entre les différents troubles de l'anxiété (p. 106)

TABLEAU X: La contribution des facteurs étiologiques dans les états de panique (p. 111)

TABLEAU XI: Questionnaire d'auto-évaluation de l'anxiété (p. 130)

TABLEAU XII: Évaluation de l'Anxiété: Échelle de Hamilton (p. 137)

TABLEAU XIII: Évaluation de l'Anxiété: Échelle de Hamilton, évaluations régulières (p. 139)

Références utiles au lecteur

Auger, Lucien, Vaincre ses peurs, Montréal, Éditions de l'Homme, 1973.

Boisvert, J.M., Melanson, D., Filion, M., Vaincre l'insomnie, Montréal, Le Jour Éditeur, 1985.

Cardinal, Marie, Les mots pour le dire, Éditions Grasset & Fasquelle, 1975.

Fontaine, R., Moreira, F., Approche clinique des maladies de l'anxiété, Union Médicale du Canada, Tome 115: 402-407, Juin 1986.

Fontaine, R., Mise à jour sur les benzodiazépines, L'Actualité Médicale, Mai 1986, 31-32.

Fontaine, R., Lassonde, L., La névrose d'angoisse: synthèse clinique, Union Médicale du Canada, Tome 110: 705-709, 1981.

Fontaine, R., Lassonde, L., La névrose d'angoisse: synthèse clinique, Partie 2: Le traitement, Union Médicale du Canada, Tome III: 882-887, 1982.

Jacobson, Edmund., Savoir relaxer pour combattre le stress, Montréal, Éditions de l'Homme, 1980.

Luthe, W., Schultz, J.H., Les techniques autogènes, Montréal, Décarie Éditeur, 1983.

Marks, Isaac M., Vivre avec son anxiété, Traduit et adapté par Dr Yves Lamontagne, Montréal, Éditions La Presse, 1979.

Selye, Hans, Stress sans détresse, Philadelphie, Éditions Lippincott, 1974.

Références utilisées pour synthèse théorique

Chouinard, G., Annable, L., Fontaine, R., "Alprazolam in the treatment of generalized anxiety and panic disorders: A double-blind, placebo-controlled study", Psychopharmacology 1982, 77: 229-233.

Downing, RW., Rickels, K., "Mixed anxiety-depression", Arch. Gen. Psychiat. 1974, 30: 312-317.

Fontaine, R., Lassonde, L., "La névrose d'angoisse: synthèse clinique", Union Médicale 1981, 110: 705-709.

Fontaine, R., Chouinard, G., "Antipanic effect of clonazepam", American Journal of Psychiatry 1984, 141: 149.

Freedman, A.M., "Psychopharmacology and psychotherapy in the treatment of anxiety", Pharmacopsychiatry 1980, 13: 277-289.

Hamilton, M., "The assessment of anxiety states by rating", Br. J. Psychol. 1959, 32: 50-55.

Holmes, T., Rahe, R.H., "The social readjustment rating scale", J. Psychosomatic Res. 1967, 11: 213-218.

Kekhwa, G., Morin, L., "Les névroses", dans "Psychiatrie Clinique: Approche Contemporaine", Lalonde, P., Grunberg, F. (Eds), Chicoutimi, Morin, G. (Ed.), 1980, pp. 91-98.

Klein, D.F., Zitrin, C.M., Woerner, M.G., "Treatment of phobias: II. Behavior therapy and supportive therapy: Are there any specific ingredients?", Arch. Gen. Psychiat. 1983, 40: 139-145.

Klein, D.F., "Psychopharmacologic treatment of panic disorders", Psychosomatics 1984, 25: 32-37.

Marks, I., Lader, M., "Anxiety states (anxiety neurosis): a review", J. Nerv. Ment. Dis. 1973, 156: 3-18.

Marks, I., "Classification of phobic disorders", In "Fears and Phobias", Heinemann Medical Press, London, 1969, pp. 102-119.

Noyes, R., Clancy, J., Grove, R., "The familial prevalence of anxiety neurosis", Arch. Gen. Psychiat. 1978, 35: 1057-1059.

Noyes, R., Clancy, J., Hoentz, F.R., Slymen, D.J. "The prognosis of anxiety neurosis", Arch. Gen. Psychiat. 1980, 37: 173-179.

Pariser, S.F., "Diagnosis and management of anxiety symptoms and syndromes", In "Psychopharmacology Update: New and Neglected Areas", Davis, J.M., Greenblatt, D.S., (Eds), Grune and Stratton, New York, 1979, pp. 145-172.

Prusoff, B., Klerman, G.L., "Differentiating depressed from anxious neurotic outpatients", Arch. Gen. Psychiat. 1974, 30: 302-309.

GLOSSAIRE

Agoraphobe: personne souffrant d'agoraphobie.

Agoraphobie: phobie des espaces libres et des lieux publics.

Antidépresseur: qui combat les états dépressifs.

Anxiolytique: propre à combattre l'angoisse, l'anxiété.

Assertion: énoncé soutenu comme vrai; affirmation.

Benzodiazépines: classe de médicaments anxiolytiques les plus puissants.

Dichotomie: division en deux, opposition entre deux choses.

Endogène: qui prend naissance à l'intérieur de l'organisme, qui est dû à une cause interne.

Épidémiologie: étude des rapports existant entre les maladies et divers facteurs (mode de vie, milieu social, etc.) susceptibles d'influencer leur fréquence, leur distribution, leur évolution.

Étiologie: étude des causes des maladies.

Exogène: qui provient de l'extérieur, qui se produit à l'extérieur de l'organisme, qui est dû à des causes externes.

Incidence: nombre de cas de maladies apparues au sein d'une population pendant une période de temps donnée.

Multifactoriel: plusieurs facteurs communs qui ont de fortes relations entre eux.

Perfusion au lactate: injection lente et continue d'un sel de l'acide lactique dans une veine.

Prévalence: nombre de cas de maladies, ou de tout autre événement médical, enregistré dans une population déterminée, en englobant aussi bien les cas nouveaux que les cas anciens.

Pronostic: jugement que porte un médecin, après le diagnostic, sur la durée, le déroulement et l'issue d'une maladie.

Tomographie: procédé d'exploration radiologique ayant pour but d'obtenir l'analyse physiologique d'une mince couche du cerveau.

Appendice I

QUESTIONNAIRE D'AUTO-ÉVALUATION

QUESTIONNAIRE D'AUTO-ÉVALUATION DE L'ANXIÉTÉ

Dans quelle mesure chacun de ces symptômes vous a-t-il dérangé(e) ou inquiété(e) au cours des 7 derniers jours?

Encerclez la cote qui correspond le mieux à votre état **au cours des 7 derniers jours.**

	Pas du tout	Un peu	Modérément	Beaucoup	Extrêmement
1. Nervosité ou sensation de tremblements intérieurs	0	1	2	3	4
2. Nausées, douleurs ou malaises d'estomac	0	1	2	3	4
3. Impression d'être effrayé(e) subitement et sans raison	0	1	2	3	4
4. Attaques de panique subites et sans raison	0	1	2	3	4
5. Palpitations ou impression que votre coeur bat fort ou vite	0	1	2	3	4
6. Compulsions de vérifier et de revérifier ce que vous faites	0	1	2	3	4
7. Difficulté importante à vous endormir	0	1	2	3	4
8. Difficulté à vous détendre	0	1	2	3	4
9. Tendance à sursauter facilement	0	1	2	3	4
10. Tendance à être facilement irritable ou importuné(e)	0	1	2	3	4
11. Peur des grands espaces ouverts ou sur la rue, ou dans les endroits publics	0	1	2	3	4
12. Peur de sortir de la maison seul(e)	0	1	2	3	4

	Pas du tout	Un peu	Modérément	Beaucoup	Extrêmement
13. Incapacité à vous libérer de pensées obsédantes	0	1	2	3	4
14. Incapacité à accomplir certains travaux	0	1	2	3	4
15. Tendance à faire les choses très lentement pour s'assurer qu'elles sont faites correctement	0	1	2	3	4
16. Tendance à vous éveiller très tôt le matin et à rester éveillé(e)	0	1	2	3	4
17. Peur de voyager en autobus en métro ou en train	0	1	2	3	4
18. Devoir éviter certains objets, certains endroits ou certaines activités parce qu'ils vous effraient	0	1	2	3	4
19. Vous sentir nerveux(se) lorsque vous êtes seul(e)	0	1	2	3	4
20. Avoir peur de vous évanouir en public	0	1	2	3	4
21. Sentiments de tristesse ou de dépression	0	1	2	3	4
22. Sentiments de pessimisme face à l'avenir	0	1	2	3	4
23. Impression de pleurer facilement	0	1	2	3	4
24. Pertes d'intérêt envers les autres	0	1	2	3	4
25. Sentiments de déception personnelle	0	1	2	3	4
26. Manque d'énergie ou fait de vous sentir ralenti	0	1	2	3	4
27. Diminution d'appétit	0	1	2	3	4
28. Inquiétude créée par des douleurs ou autres malaises	0	1	2	3	4
29. Diminution d'intérêt pour le sexe	0	1	2	3	4
30. Sentiments de culpabilité	0	1	2	3	4

Appendice II

ÉCHELLE DE HAMILTON

ÉCHELLE DE HAMILTON

Dans quelle mesure chacune des catégories de symptômes est-elle présente dans le tableau clinique?

Consigne: Encerclez la cote qui correspond le mieux à l'état d'anxiété au cours des sept derniers jours.

CATÉGORIE — EXEMPLES

CATÉGORIE	EXEMPLES	Pas du tout	Un peu	Modérément	Beaucoup	Extrêmement
Humeur anxieuse	Inquiétudes, pessimisme, appréhension, irritabilité	0	1	2	3	4
Tension	Sensation de tension, fatigabilité, réactions de sursaut, tremblements, impatience (besoin de bouger), incapacité de se détendre	0	1	2	3	4
Craintes	De l'obscurité, des étrangers, d'être laissé seul, des animaux, des foules	0	1	2	3	4
Insomnie	Difficulté de l'endormissement, fragilité du sommeil, réveils fréquents, sommeil non réparateur, fatigue au réveil, cauchemars	0	1	2	3	4
Dysfonction intellectuelle	Difficulté de concentration, "mauvaise mémoire"	0	1	2	3	4
Humeur dépressive	Manque d'intérêt, tristesse, réveil précoce, fluctuations diurnes de l'humeur	0	1	2	3	4

ÉCHELLE DE HAMILTON (suite)

E ÉVALUATION DE A L'ANXIÉTÉ – E ÉCHELLE DE H HAMILTON

	Pas du tout	Un peu	Modérément	Beaucoup	Extrêmement
Symptômes musculaires — Douleurs musculaires, courbatures, crispation, tension musculaire, grincements de dents, voix mal assurée	0	1	2	3	4
Symptômes sensoriels — Bourdonnement d'oreille, vision embrouillée, sensation de chaleur et de froid, sensation de faiblesse, sensation de picotement, démangeaisons de la peau	0	1	2	3	4
Symptômes cardio-vasculaires — Accélération du rythme cardiaque, palpitations, douleurs thoraciques, battement des vaisseaux	0	1	2	3	4
Symptômes respiratoires — Sensations d'oppression, longs soupirs, sensations d'étouffement	0	1	2	3	4
Symptômes gastro-intestinaux — Difficulté à avaler, boule oesophagienne, douleur abdominale, gargouillements, mauvaise digestion, brûlures d'estomac, nausées, constipation	0	1	2	3	4
Symptômes génito-urinaires — Aménorrhée, (absence de menstruations), menstruations abondantes, début de frigidité, impuissance, miction impérieuse, mictions très fréquentes et peu abondantes, éjaculation précoce, perte de libido	0	1	2	3	4
Symptômes neuro-végétatifs — Sécheresse de la bouche, bouffées de chaleur, pâleur, sudation fréquente, étourdissements, céphalée tensionnelle	0	1	2	3	4
Comportement au cours de l'entrevue — Agitation, tremblement des mains, visage crispé, soupirs, respiration rapide, mouvements subits et rapides, yeux agrandis	0	1	2	3	4

N.B. Transcrire les résultats obtenus dans le tableau XIII

E ÉVALUATION DE
A L'ANXIÉTÉ –
E ÉCHELLE DE
H HAMILTON

ÉVALUATIONS RÉGULIÈRES

	Date 1	Date 2	Date 3	Date 4	Date 5
Catégorie I **ANXIÉTÉ PSYCHIQUE**					
Humeur anxieuse					
Tension					
Craintes					
Insomnie					
Dysfonction intellectuelle					
Humeur dépressive					
Total catégorie I					
Catégorie II **ANXIÉTÉ SOMATIQUE**					
Symptômes musculaires					
Symptômes sensoriels					
Symptômes cardio-vasculaires					
Symptômes respiratoires					
Symptômes gastro-intestinaux					
Symptômes génito-urinaires					
Symptômes neuro-végétatifs					
Total catégorie II					
TOTAL I et II:					

Interprétation:

Score total < 12	: anxiété normale
Score total > 12 et < 18	: anxiété pathologique légère
Score total > 18 et < 25	: anxiété pathologique modérée
Score total > 25	: anxiété pathologique sévère

Achevé d'imprimer au Canada
sur les presses de
l'Imprimerie L'Éclaireur Ltée
Beauceville